Cartas sobre la formación de sí mismo

EDICIONES PALABRA
Madrid

1ª edición, noviembre 2000
2ª edición, abril 2001
3ª edición, diciembre 2003
4ª edición, junio 2009

Título original: *Briefe über Selbsbildung*

Colección: Biblioteca Palabra
Director de la colección: Juan Manuel Burgos

Paseo de la Castellana, 210 - 28046 MADRID (España)
Telf.: (34) 91 350 77 20 - (34) 91 350 77 39
www.edicionespalabra.es
epalsa@edicionespalabra.es

Diseño de cubierta: Carlos Bravo
ISBN: 978-84-8239-488-6
Depósito Legal: M. 23.200-2009
Impresión: Gráficas Anzos, S.L.
Printed in Spain - Impreso en España

ROMANO GUARDINI

Cartas sobre la formación de sí mismo

RETOCADAS POR INGEBORG KLIMMER

Prólogo:
ALFONSO LÓPEZ QUINTÁS

Traducción:
JOSÉ MARDOMINGO

CUARTA EDICIÓN

Biblioteca Palabra

PRÓLOGO

Las *Cartas sobre la formación de sí mismo* están inspiradas de parte a parte por el espíritu de renovación que surgió en Alemania entre las ruinas de la Primera Guerra Mundial (1914-1918). Numerosos pensadores se apresuraron a destacar la necesidad de cambiar *el ideal de posesión, dominio y disfrute* que había impulsado a los hombres de la Edad Moderna por *un ideal de respeto y servicio*. La convicción de que este giro responde a la naturaleza misma del hombre inspiró el Movimiento Dialógico (F. Ebner, M. Buber, Fr. Rosenzweig, E. Brunner...) y revitalizó diversos movimientos juveniles.

Uno de estos movimientos era el denominado, con un término del antiguo alemán, «Quickborn» *(fuente que mana)*. Al tener noticia, recién terminado el conflicto, de la actitud espiritual de los jóvenes de este grupo, Romano Guardini, impresionado por el poder demoledor de la guerra, sintió la necesidad de retomar el apostolado juvenil que había iniciado entusiásticamente en Maguncia. «En 1919 –escribe– fueron algunos de nosotros al viejo castillo de Rothenfels, junto al Main, y volvieron contando que allí sucedían cosas impresionantes. Nadie manda en él, pero hay un orden magnífico. Se trabaja y se celebran fiestas, pero todo sale de la gente misma; chicos y chicas conviven con seriedad y alegría, mas todo es bello y limpio. Así que yo mismo fui allá en 1920 por la Pascua, y eso tuvo para mí unas consecuencias singulares; porque entonces entró en mi vida una fuerte ola de eso que se llama Movimiento de Juventud, aunque yo no era ya tan joven»[1].

Guardini intuyó que la tarea de su vida consistía en clarificar toda una serie de cuestiones decisivas para el desarrollo de la persona y conseguir que la renovación espiritual fomentada por «Quickborn» se asentara sobre bases muy sólidas. Los jóvenes que integraban este Movimiento solían proceder de medios burgueses urbanos y ansiaban despegarse de la actitud espiritual de complacencia en actitudes hedonistas. Aspiraban a configurar una *nueva época,* caracterizada por un espíritu de *generosidad y sencillez, veracidad y responsabilidad personal, fidelidad a la naturaleza física y espiritual.*

Guardini supo hacer ver a estos jóvenes la importancia de cultivar la «personalidad» y abrirse, a la vez, al «objeto», entendido aquí como la realidad circundante, no meramente «subjetiva». Al entender ambos aspectos como «contrastados» y no como «opuestos»[2], descubrieron los jóvenes el sentido profundo de la Iglesia, vista como un *espacio de libertad interior,* propicio al desarrollo pleno de la persona, ser abierto al mundo y a la trascendencia. Años más tarde, el filósofo de Münster Josef Pieper dio testimonio emocionado de lo que significó entonces para él este descubrimiento.

[1] H. B. Gerl, *Romano Guardini (1885-1968). Leben und Werk*, M. Grünewald, Maguncia ^{4}1995, p. 166.

[2] La importancia de esta distinción fue ampliamente expuesta por Guardini en su obra *El contraste. Ensayo de una filosofía de lo viviente-concreto*, BAC, Madrid 1996. Versión original: *Der Gegensatz. Versuch einer Philosophie des Lebendig-Konkreten*, M. Grünewald, Maguncia, 1925, ^{3}1985.

Con objeto de que tal desarrollo fuera equilibrado, Guardini analizó cuidadosamente una serie de términos y esquemas mentales: *objeto, persona, cultura, libertad y normas, independencia y solidaridad, forma y plenitud, individuo y comunidad...*[3]. Merced a tal estudio, el ímpetu reformista de los jóvenes no degeneró en ruptura anárquica; dio lugar a modos de vida inspirados en la primacía del *logos* y el *orden,* la voluntad de *verdad* y la decisión de estructurar la vida en formas de auténtica *comunidad.*

Nada extraño que los jóvenes hayan aceptado pronto el liderazgo de Guardini, que comprendía mejor que ellos mismos lo que en realidad anhelaban. Su capacidad de orientar sus energías juveniles hacia la meta justa le concedió una profunda *autoridad,* término que procede del verbo latino *augere,* promocionar. Nadie mejor dispuesto que él para hacer patente la vinculación fecunda de *autoridad* y *libertad* y conceder a los jóvenes la capacidad de desarrollo espiritual que adquieren cuando se convencen de que son verdaderamente libres si se comprometen con realidades fecundas. Por ser *distintas* del sujeto, esas realidades son consideradas como *objetivas.* Por ser *fecundas* y *valiosas,* encauzan la libertad creadora de modo eficacísimo[4].

[3] Estos temas fueron analizados ampliamente en las obras siguientes: *Sobre el sentido de la Iglesia* (1922), *Formación litúrgica* (1923), *Cartas sobre la formación de sí mismo* (1924), *Los signos sagrados* (1927), *Cartas del lago de Como* (1927), *Voluntad y verdad* (1933).

[4] En contraposición al Movimiento Católico de Juventud, otros movimientos juveniles –como el *Freideutsche Jugend*, «La juventud alemana libre»– fracasaron por no vincular la afirmación de la libertad con la apertura a lo «objetivo», el afán de configurar la vida de modo responsable, autónomo e independiente, por un lado, y, por otro, la sensibilidad para responder a las apelaciones de quien goza de *autoridad* porque se convierte en por-

Solo cuando un joven acierta a unir creativamente la libertad interior y las normas fecundas que encauzan su actividad, podemos hablar de «autoformación». Cuando, en 1928, publicó Guardini unas cartas para adultos, advirtió que «formarse» no significa solo adquirir conocimientos, sino sobre todo configurar la personalidad, orientar debidamente las distintas energías que laten en el propio ser y tejer la trama de relaciones que constituyen el ámbito de cada persona, vista en todo su sentido y alcance[5].

Fomentar la auténtica creatividad en los espíritus jóvenes fue la gran tarea de Guardini durante toda su vida. Desde el principio entrevió con claridad que este era el camino que debía recorrer, por temibles que fueran los escollos a sortear. A las dificultades internas que planteaba el Movimiento de Juventud por su espíritu a la vez renovador y fiel a las raíces espirituales del cristianismo se añadía la actitud de reserva o de abierta hostilidad que ciertos grupos y centros culturales adoptaban frente a él y sus promotores. En sus *Apuntes para una biografía* escribe Guardini: «Tengo que añadir, como característico de mi modo de pensar de entonces, que se me había dado a entender que a duras penas podría aspirar a una cátedra si seguía en el movimiento juvenil, esto es, si seguía participando en el *Quickborn* y en las actividades de Rothenfels. Con esto se expresaba la actitud que se había adoptado en los círculos oficiales respecto al movimiento juvenil, actitud que fundamentalmente no ha cam-

tavoz de algo *valioso*. Cfr *Lexikon für Theologie und Kirche*, Herder, Freiburg, 1960, 2ª ed., V., col. 1181-1182.

[5] Cfr *Das Gute, das Gewissen und die Sammlung*, M. Grünewald, Maguncia 1929, [5]1962, p. XII. Versión española: *El bien, la conciencia y el recogimiento*, en *La fe en nuestro tiempo*, Cristiandad, Madrid 1965, pp. 116 y ss.

biado. Tendré que hablar más detenidamente de lo que el movimiento significaba para mí, pero en cualquier caso era tanto que declaré que, si tenía que elegir algún día entre la cátedra y Rothenfels, me decidiría por este último. Esto no significaba en modo alguno desprecio por la actividad docente. La renuncia a ella habría sido penosa para mí; pero la vida y el trabajo en el mundo del movimiento juvenil eran esenciales para mí»[6].

El contacto con este grupo juvenil, especialmente motivado para la vida del espíritu, estimuló a Guardini a profundizar en el estudio de las leyes del crecimiento personal[7]. Para él, la «práctica» y la «teoría» estuvieron siempre fecundamente conectadas, como si hubiera convertido en lema de su vida intelectual la siguiente indicación del gran Friedrich von Schelling: «... El hombre se hace más grande a medida que se conoce a sí mismo y descubre la fuerza que tiene. Avivad en él la conciencia de lo que *es*, y aprenderá pronto a ser lo que *debe* ser; haced que se respete a sí mismo en el nivel *teórico*, y el respeto *práctico* no se hará esperar»[8].

Una característica peculiar de Guardini es su voluntad socrática de ir a la raíz de las realidades y los acontecimientos para alumbrar *claves de orientación* lúcidas que inspiren *pautas de conducta* certeras. Hasta en las minúsculas «hojas volantes» enviadas a los jóvenes ponía Guardini lo mejor de su espí-

[6] *Op. cit.*, Encuentro, Madrid 1992, pp. 40-41.

[7] «Las 'Cartas' –escribe– no surgieron de una reflexión abstracta sino de una necesidad determinada: las exigencias vivas del Movimiento de juventud católico alemán» *(Das Gute, das Gewissen und die Sammlung*, p. XI; *El bien, la conciencia y el recogimiento*, p. 121).

[8] *Vom Ich als Prinzip der Philosophie*, Frommann-Holzboog, Stuttgart, 1980, pp. 77-78.

ritu, toda su capacidad de ir a lo esencial y clarificarlo. Ello explica que estas cartas formativas, enviadas una a una a los jóvenes desde 1921 hasta 1924, mantengan actualmente toda su frescura y su vitalidad. «Las *Cartas sobre la formación de sí mismo* –escribe I. Klimmer, responsable de la edición de 1930– son más que un documento de los años en que fueron escritas. Pueden apelar de nuevo a los jóvenes y ayudarles a ser *hombres* y *cristianos*. Esto es importante precisamente hoy, cuando lo mejor de la juventud busca un nuevo comienzo, un punto de partida para una vida mejor, verdaderamente humana. Por eso es, tal vez, un signo de nuestro tiempo, uno de los más esperanzadores, que estas cartas salgan ahora de su entorno hogareño, del círculo en torno a Quickborn y el castillo de Rothenfels y se dirijan a todos los que quieran confiarse a su estilo de pensar y de vivir. Hablan de los fundamentos de la vida cristiana en la existencia cotidiana de los jóvenes, y por tanto de la libertad, la amplitud y la fuerza que alberga para hombres y pueblos la herencia del cristianismo y la tarea que le compete»[9].

Estoy seguro de que cuanto dice Guardini en estas páginas sobre la alegría del corazón, la riqueza de la palabra veraz, la importancia del dar y el recibir, la libertad interior, la caballerosidad de ánimo, la fecundidad de la oración... será recibido por los lectores actuales como una palabra *autorizada* de un gran maestro capaz de *promocionarnos a lo mejor de nosotros mismos*.

Alfonso López Quintás
Universidad Complutense

[9] Epílogo a la obra de R. GUARDINI, *Briefe über Selbstbildung* (Cartas sobre la formación de sí mismo), M. Grünewald, Maguncia 1930, p. 184.

PRIMERA CARTA

DE LA ALEGRÍA DEL CORAZÓN

Vamos a intentar que nuestro corazón se alegre. No que se divierta, eso es muy distinto. Divertirse es algo externo, que hace mucho ruido y desaparece rápidamente. En cambio, la alegría vive dentro, es callada y echa profundas raíces. Es hermana de la seriedad; donde esté la primera encontraremos también a la segunda.

Ahora bien, hay una alegría que no está en nuestro poder. Esa alegría que viene sobre uno, grande, profunda, de la que la Sagrada Escritura dice que es como un torrente, o también esa risueña jovialidad que todo lo transforma, que hace que el mundo brille: viene y se va a su antojo. Solo la podemos tener cuando nos viene, y cuando se nos va la perdemos. Esa alegría que procede de la fuerza y de la confianza de la vida joven, o incluso aquella otra, tan escasa, que brilla en las personas escogidas que la poseen, por efecto de la claridad interior de su ser: no están en nuestro poder. Se dan o no se dan. Sin embargo, también en lo que a ellas respecta se puede plantear la pregunta de si las preservamos o las dilapidamos.

Aquí vamos a hablar, empero, de una alegría para la que sí podemos preparar el camino. De una alegría que todos podemos tener, sea cual sea nuestra forma de ser, y que tampoco depende de los buenos o malos momentos, o de que unos días nos veamos llenos de vigor y otros nos encontremos cansados. Cómo se le puede allanar el camino: sobre esto es sobre lo que vamos a reflexionar aquí. Esa alegría no la dan el dinero, una vida cómoda o el hecho de que la gente nos honre, por más que todo eso pueda influir sobre ella. Procede, antes bien, de las cosas nobles: del trabajo diligente, de una palabra llena de bondad que hemos oído o que hemos pronunciado nosotros mismos, de haber luchado con valentía contra algún defecto o de haber llegado a ver claro en un asunto importante.

Y, con todo, tampoco es ahí donde radica la auténtica fuente de la alegría. Esa fuente es todavía más honda, pues reside en el corazón mismo, en lo más íntimo de él. Allí habita Dios, y Dios mismo es la fuente de la verdadera alegría. Esa alegría nos hace anchos y luminosos por dentro. Nos hace ricos, fuertes, independientes de los acontecimientos externos. Lo que nos pase exteriormente ya no puede afectarnos cuando estamos alegres por dentro. Quien tiene alegría, adopta ante todas las cosas la actitud correcta. Es el único que ve en su verdadero resplandor lo que es bello. En lo pesado y duro detecta una prueba para su vigor, lo acomete con valentía y lo vence. Puede hacer dones generosos a las demás personas, y no por ello se empobrece. Pero tiene también la amplitud de corazón necesaria para poder recibir regalos de la forma correcta.

Pero si la alegría viene de Dios, y Él habita en nuestro corazón, ¿por qué no la sentimos? ¿Por qué estamos con tanta frecuencia tristes, apesadumbrados, de mal humor? Porque la fuente de la que mana está cegada.

¿Cómo se abre el camino para la alegría? ¿Cómo hay que hacer para que corra impetuosa por nuestra alma? Esta es la cuestión. Tenemos que unir con Dios lo más íntimo de nosotros. Eso se puede lograr de diversas maneras. Podríamos tratar de encontrarnos como en casa con Dios interiormente; volvernos a Él frecuentemente con toda el alma para permanecer junto a Él en el silencio interior. Quizá conozcas otros caminos. Yo querría proponerte el siguiente, muy andadero: lo más íntimo que tenemos es la actitud de nuestra voluntad. Ahí hemos de ser uno con Dios, y entonces su alegría podrá introducirse en nuestro interior y correr libremente por nosotros. Cuantas veces digamos sinceramente al Señor: «Señor, quiero lo que Tú quieras», quedará abierto el camino para la alegría de Dios. Y cuando hayamos llegado a tal punto que siempre pensemos así, cuando nuestro más íntimo querer se vuelva sincera y constantemente a Dios, seremos alegres pase lo que pase fuera. Ciertamente, este volverse a Dios ya ha de tener en sí mismo algo emparentado con la alegría: no puede ser forzado, temeroso o desconfiado. Ha de ser libre y animoso. Llenos de alegre confianza tenemos que decir: «Dios fuerte, lo que Tú quieras lo quiero yo también». Así que de lo que se trata es de bregar hasta llegar a identificarnos por completo con la voluntad de Dios.

Ahora bien, ¿dónde vemos qué quiere Dios? Para eso no necesitamos dilatadas reflexiones o grandes planes. Lo vemos en algo muy normal: en el momento presente. Bien es verdad que a veces hay que tomar grandes decisiones o hacer planes que exigen mirar muy lejos. En esos casos «ha llegado el momento» correspondiente. Así que podemos mantener en pie lo que decíamos: lo que sea necesario precisamente aquí, lo que sea mi obligación precisamente ahora, eso es la voluntad de Dios. Si lo hacemos, Dios nos llevará de un acto al siguiente.

Pues cada instante, con la obligación que le acompañe, es un mensajero de Dios. Si le prestamos oído adquiriremos la madurez precisa para entender correctamente el siguiente mensaje y cumplir lo que nos pida. Así iremos realizando paso a paso la tarea de nuestra vida. En suma: acometer resueltamente lo que Dios quiera de nosotros en cada momento. Darle libremente un sonoro «sí» y ponernos manos a la obra con decisión. Entonces tendremos alegría.

Ahora sí que ya podemos empezar. Aunque no por ello quedas eximido de seguir pensando por tu cuenta. Resumamos, pues, en una resolución clara lo que hemos encontrado. Varias veces al día, por ejemplo, al empezar una tarea o cuando surja algo nuevo, preguntémonos: ¿qué quiere Dios de mí? Para llegar a saberlo, miremos precisamente a lo que tengamos delante. No busquemos lo que mejor nos venga o lo que más nos gustaría. Sino que preguntémonos con toda sinceridad: ¿qué tengo que hacer ahora? Pero hemos de estar muy atentos y no dejar que nadie nos engañe. ¿Engañarnos? ¿Quién? Nosotros mismos. La veleidad, la inconstancia y la pereza que anidan en nosotros. Tenemos que llegar a ser enteramente insobornables. Tenemos que querer ver con total claridad cómo son las cosas realmente.

Conclusión: así que es eso lo que tengo que hacer ahora. ¡Sí, Señor, lo haré de buena gana! Estas últimas palabras lo deciden todo. De ellas depende todo lo demás. No a disgusto, no porque no hay más remedio, no con indolencia y apáticamente, sino de buena gana. Pero estas palabras tenemos que pronunciarlas en nuestro interior, no solo con la cabeza o meramente con los labios. Con la voluntad es con lo que hemos de pronunciarlas. Y además cada vez más hacia dentro. ¿Te das cuenta? Tienen que entrarnos cada vez más hondamente en el corazón. Pues dentro de nosotros hay aún mucha voluntad contraria, que se resiste y pugna. Esa barrera hay que superarla, atravesándola con las palabras «de buena gana». Allí donde en nosotros haya aún embotamiento e inercia, esas palabras tienen que arrojar su luz cada vez más dentro, yendo cada vez más al fondo, hasta que todo se haya hecho enteramente luminoso ante Dios: Señor, quiero. Entonces tendrás alegría. Tal era la actitud de Nuestro Señor. El alma entera de Jesús era disposición pura y alegre: «Hago siempre la voluntad de mi Padre». E, inmediatamente, manos a la obra: trabajo, tareas, una gestión, un juego, una renuncia, lo que sea. Puedes estar seguro de que, si te basas en un «de buena gana» como ese, tendrás tal fuerza alegre que podrás con todo, no te quepa duda, pues Dios mismo habitará en ella. Bien es verdad que hay que renovar esa actitud constantemente, y sobre todo cuando nos resulta difícil mantenerla, cuando el primer impulso se agota, cuando se interpone algo imprevisto. Constantemente: ¿qué es lo que hay que hacer? ¡De buena gana! ¡Y adelante!

Pero también tenemos cuerpo. No podemos olvidarlo. Cuando una persona está apesadumbrada, ¿qué hace su cuerpo? Se desmadeja. En cambio, cuando la persona está alegre, el cuerpo se levanta. Esa es la alegría del cuerpo: la postura erguida. Aquí tenemos otra cosa en la que ejercitarnos: mantenernos bien derechos. La cabeza alta, la frente abierta a la luz, los hombros hacia atrás. Al caminar, hacerlo con soltura en las articulaciones de los tobillos; cuando nos sentemos, no recostarnos innecesariamente. Pero derechos también por dentro, no solo exteriormente. El cuerpo tiende de suyo constantemente a desmadejarse; en esos casos es cuando decimos que nos pesa nuestro propio cuerpo, y todo nos parece anodino y pesado. Por eso tenemos que ponernos derechos también interiormente. Y cuando nos notemos apesadumbrados, con razón de más. Bien erguidos, por fuera y por dentro, y después con el alma bien barrida. Cuando notamos que una habitación huele a cerrado abrimos las ventanas y las puertas para que entren el aire y la luz, y a continuación cogemos una escoba y nos ponemos a barrer: ¡fuera con todo ese polvo grisáceo que se ha ido acumulando, fuera, fuera! Eso mismo es lo que tienes que hacer con la recámara interior de tu alma, hasta que todo esté luminoso y bien ventilado. ¡Así! Y después, ¿qué es lo que hay que hacer? ¿Eso? ¡Pues adelante, y a hacerlo de buena gana!

Una cosa más: vamos a procurar tener también una fuente de alegría en nuestra habitación. ¿Cuál podría ser? Quizá una planta. Nos da alegría ver que algo crece, que echa brotes y que florece con pujanza y lozanía. O un cuadro alegre, un paisaje que hayamos recorrido a pie alguna vez. Recrea tu vista en él de cuando en cuando: ¡qué amplitud!, ¡qué bosque tan frondoso!, ¡qué cielo tan claro!, ¡con qué libertad se elevan las cumbres de las montañas!: todo esto es mío, ¡mío! O una canción. Cántatela a ti mismo, y verás como tu interior se ilumina. O una poesía bonita. Todo esto hace el mismo efecto que un buen trago de agua fresca en un camino largo y polvoriento. Y después, manos a la obra de nuevo.

Antes de terminar echemos una mirada a los grandes enemigos de la alegría. El dolor no se cuenta entre ellos. El dolor nos hace fuertes y profundos. También es condición de que seamos capaces de experimentar una auténtica alegría. Así que puedes darle tranquilamente entrada en tu corazón. En otro momento hablaremos de él. Pero hay dos cosas que sí que es necesario extirpar: el mal humor y la melancolía. El mal humor se origina en las pequeñas contrariedades de la jornada. En un corazón demasiado susceptible, que todo lo toma a mal, que siempre se está quejando, que no sabe reír, perdonar ni hacer la vista gorda cuando es necesario. ¡Fuera con el mal humor! Es una plaga del alma. Hay que echarlo fuera, y además ya desde el principio, tan pronto se presente, inmediatamente. El otro enemigo de la alegría es la melancolía. Una fuerza oscura y poderosa, que turba nuestra alma cuando la dejamos que crezca. Pero es posible domeñarla, créeme. ¡Es posible! Pero con una condición: tan pronto aparezca, hay que combatirla inmediatamente, tal y como acabamos de decir. ¡Inmediatamente, sin jugar con ella! Si dejas que anide y tome cuerpo en tu interior, ya no podrás quitártela de encima en todo el día, y quizá te dure incluso varios días.

Para terminar, una pequeña ayuda práctica. Por la noche, antes de quedarnos dormidos, digámonos tranquilos y confiados: mañana estaré alegre. Imaginémonos atravesando la jornada alegres, bien derechos, libres, al trabajar, al jugar, en nuestro trato con las personas que nos rodean. «¡Mañana estaré así todo el día!». Digámonoslo varias veces. Este es un pensamiento dotado de gran eficacia, que va actuando en el alma durante toda la noche, silencioso pero certero, como los enanitos del cuento. No lo notamos, pero a la mañana siguiente todo tendrá un brillo distinto del habitual. Y en ese momento, por la mañana temprano, digámonos lo mismo: ¡hoy voy a estar alegre el día entero! ¡El día entero contigo, Señor, y alegre todo el rato! Y así todas las mañanas, todas las noches, sin permitir que ningún fracaso nos haga cejar. Al acabar el día, examinémonos: ¿me he esforzado? Vamos a cuentas con nosotros mismos y tomamos la renovada decisión: ¡mañana me esforzaré por mejorar!

Unas cuantas cosas para que reflexiones por tu cuenta, o hables de ellas con otras personas. No son más que alusiones muy breves: evangelio de San Mateo 6, 16-18. – Cuando notamos qué poco hemos hecho hasta ahora, o cuánto hay en nosotros que no es como debiera. – Cuando no nos sale bien lo que hacemos. – Cuando nos sentimos incomprendidos en casa, en el instituto o en algún otro lugar. – Cuando lo que se exige de nosotros en un momento concreto es muy difícil o demasiado difícil. – Cuando eso mismo nos repugna. – El desánimo. – La enfermedad. – Cuando «ya nada nos da alegría». – Falsas alegrías. – Cuántas otras cosas hay de las que podemos alegrarnos. – El agradecimiento a los motivos de alegría que nos da un instante concreto. – ¿Cómo se echa a perder una alegría?

SEGUNDA CARTA

DE LA VERACIDAD DE LA PALABRA

Toda juventud auténtica y viva tiene por estandarte la veracidad. Es del espíritu de la veracidad de donde nace cuanto en ella llega a ser grande y duradero. Auténtico espíritu juvenil lo tiene solo aquel a quien anima la seria, fuerte y alegre voluntad de ser veraz. Tiene que desear salir de todo lo fementido, ser auténtico en lo que percibe y no autoengañarse; tiene que luchar por obtener un claro juicio para lo que es natural y puro; tiene que querer alcanzar la sencillez, la sinceridad con Dios, con los hombres y consigo mismo. Ha de tener la valentía de mirar a la realidad cara a cara y de obrar siempre conforme a sus convicciones.

Esa firme resolución de ser veraz no es arrogancia. No puede significar querer imponerse siempre, erigirse en juez de todo, saber más que nadie, evaluarlo todo y declarar infalibles las propias percepciones y opiniones. Tal cosa no sería veracidad, sino soberbia. Nuestra veracidad tiene que ser culto divino. Nuestro ser verdaderos tiene el sentido de acercarnos a Dios. Queremos hacer verdaderas nuestra forma de ser y nuestra vida para que se conformen a Él. Él ha de gobernar cuanto hagamos y seamos. Su reino tiene que realizarse. Esto sucede mediante la veracidad, pero solo cuando se trate de una veracidad humilde. No es a nosotros mismos a quien hemos de buscar en la veracidad, sino a Dios, pues Él es la verdad. Es entonces cuando nuestra vida llega a ser Reino de Dios. Por ejemplo cuando alguien responde con sinceridad a una pregunta: en sus palabras está presente y actúa Dios. Cuando alguien sirve a una gran causa sin buscar nada a cambio: en su tarea está presente y actúa Dios. Cuando dos personas mantienen una amistad leal: en su amistad está presente y actúa Dios. Así pues, en las personas que son verdaderas y que actúan, hablan y piensan con verdad está el Reino vivo de Dios.

Mira qué maravillosa misión: se espera de nosotros que construyamos en el mundo de los hombres una morada para el Dios de la verdad. Se nos pide que extendamos su Reino, para que Él pueda vivir y reinar allí. ¿Que cómo hacerlo? Hemos de conseguir que por doquier llegue a imperar la verdad. Cuánta mentira hay en el mundo, cuánta inautenticidad, insinceridad, mera apariencia, hipocresía. Donde estén ellas no reina Dios, ya que ese es el reino de la oscuridad. Contra ese reino tenemos que luchar nosotros, extendiendo el Reino de Dios, que es el reino de la luz. Pero ¿cómo lograrlo? No se trata de pronunciar discursos contra la mentira, ni tampoco de interrumpir a otros cuando los pronuncien ellos. Todo eso no sirve de nada. Más bien hemos de procurar que sea verdadero lo que nosotros mismos digamos, hagamos y seamos. Cada palabra que pronunciemos y cada cosa que hagamos serán entonces un mandoble a favor de la causa de Dios. Con cada una de ellas conquistaremos para su reino una nueva porción de la tierra de los hombres. ¿No es esto maravilloso? ¡Con qué frecuencia hablaba de la verdad el Salvador! De los hombres que proceden de la verdad y de los que vienen de la mentira. Sí, es algo verdaderamente grande que estemos destinados a ser guerreros de Dios, a extender su reino con cada una de nuestras obras y a protegerlo valerosamente. Renovar todo en la verdad, para que todo llegue a ser el reino vivo de Dios el Veraz. ¡Qué alegría nos da pensar en estas cosas, vernos tan fuertes y estar tan seguros de la victoria! Es como si en nuestra alma penetrase una luz gloriosa que hiciese todo grande y luminoso.

Busquemos ahora el punto exacto en el que podamos meter con la mayor seguridad una fuerte cuña en el reino de la oscuridad, a fin de hacer que su poder se resquebraje y termine por romperse. Ese punto variará según las diferentes personas. En algunas ocasiones puede que estribe sencillamente en decir la verdad. ¿Qué es lo que nos lleva a no decirla? Por ejemplo, el miedo. Hemos cometido un error y vemos venir consecuencias desagradables para nosotros. Para hurtarnos a ellas mentimos. O bien: están tomando a chacota algo o a alguien, hacen chistes sobre una persona, sobre la religión o sobre alguna otra cosa. Alguien nos pregunta nuestro parecer, y nos damos cuenta de que en ese preciso momento tendríamos que mostrar con claridad de qué lado estamos. Pero tememos los gestos burlones de quienes nos rodean, y hacemos traición a nuestras convicciones. También la vanidad puede llevarnos a mentir. Es lo que sucede cuando queremos que se nos admire por algo, en casa o entre nuestros compañeros, pero lo que somos y podemos realmente no es suficiente a tal fin. Los demás dirían que esa cualidad nuestra no tiene nada de especial. Así que nos ponemos a agrandarla. Otros son envidiosos y tienen celos, y se dedican a hacer menos a los demás, a quienes son más eficientes, más ricos y más fuertes que ellos. O deseamos obtener una ventaja en el juego, y para ello presentamos las cosas de otra manera que como realmente son. Incluso la lealtad puede llevarnos a mentir, por ejemplo, cuando un amigo está en apuros y creemos que debemos ayudarle diciendo algo que no es verdad. Esas mentiras pueden ser muy gordas, que es lo que sucede cuando desfiguran el núcleo de la cuestión, por ejemplo, cuando decimos: «yo no fui», en vez de: «sí, fui yo»; o «ya lo he terminado todo», en vez de: «aún no hecho absolutamente nada». También pueden ser más sutiles, por ejemplo, cuando decimos: «he estado allí con frecuencia», y solo deberíamos decir realmente: «algunas veces»; «iré, seguro», y solo deberíamos decir realmente: «quizá». Y las mentiras pueden llegar a ser sutilísimas, como un vientecillo silencioso que pasa veloz por encima de una superficie de agua. Pueden residir en el modo en que se emplean las palabras, o en el tono o en el gesto que ponemos al pronunciarlas. En todos esos casos, la oscuridad ha vencido sobre la luz. Aquí es donde hay que incidir. Digamos la verdad. No solo en cosas grandes, sino también en las pequeñas. Cada palabra nuestra será entonces una victoria de la causa de Dios. No es tarea fácil, verdaderamente no lo es. Cuando en el instituto amenaza una situación apurada, cuando todos los que nos rodean nos miran con ojos atentos, cuando en casa es de esperar una escena desagradable, cuando desearíamos evitar una fuerte discusión con un amigo, cuando vemos que nos hemos quedado solos con nuestras convicciones: en todas esas ocasiones notamos qué fuerte es el reino de la oscuridad. Una excesiva susceptibilidad, el miedo, el egoísmo, las preocupaciones, los miramientos, el amor, la lealtad, todo se puede aliar contra nosotros, todo lo malo y todo lo bueno, para llevarnos a no pronunciar la palabra precisa. Pero si nos vencemos, habremos abierto para nuestro divino Señor un ancho boquete en las filas enemigas. Habremos tributado a la verdad los honores a que es acreedora, y el Dios de la verdad podrá hacer su entrada victoriosa.

Pero aún hay que decir otra cosa más. La verdad es una espada que se blande en favor de Dios. Puede realizar obras magníficas, pero también puede destruir. El Señor pronuncia en cierta ocasión unas palabras cargadas de profundo significado: nos insta a ser «sencillos como palomas y prudentes como serpientes». ¿Qué quería decir con eso? Debemos ser «sencillos». Esto es, no dobles, no ambiguos. Nuestras palabras han de ser escuetas y sinceras. Hasta aquí nada hay que sea difícil de comprender. Pero también nos exige que seamos prudentes. Eso no significa «astutos» o «arteros». ¿Qué significa entonces? Yo lo entiendo así: las palabras del hombre son cosa fuerte y afilada. Cuando las emitimos no chocan contra una fría pared o con el duro suelo, sino que van a dar en un corazón humano vivo. Y en él pueden producir multitud de efectos. Pueden liberar, animar, dar una alegría. Pero también herir y apenar. Imaginemos a alguien que tiene un amigo muy querido, y que este último comete una acción reprobable. Si le manifestamos al primero con toda claridad lo que pensamos de su amigo, no estaremos haciendo otra cosa que decir la verdad lisa y llana. Pero ¿qué efectos produciremos? A este respecto nos dice el Señor: «Di la verdad, pero dila con prudencia. Ten en cuenta dónde va a dar. Procura no herir a nadie con ella. Y cuanto más fuerte sea lo que tengas que decir, tanto más cuidadoso debes ser». Además: la verdad es una joya tan preciosa como frágil. Algunas verdades son especialmente delicadas y sagradas. Hay personas que no se dan cuenta de ello, al menos en determinados momentos, por ejemplo, cuando gastan bromas o cuando se enfurecen. Cuando se reúnen muchas personas, la mayoría de las veces no tienen tampoco la actitud correcta hacia una verdad fina y delicada, pues es fácil que la masa nos haga rudos e insensibles. Una canción entrañable no hace al caso cuando avanzamos a grandes pasos por la vereda, y en momentos de bulliciosa diversión nadie se pondrá a leer en voz alta un poema de profundo significado. Así hay también muchas ocasiones en las que una bella verdad está fuera de lugar. Por eso nos dice el Señor: «Di la verdad, pero dila a su debido tiempo. No la digas cuando no vaya a servir de nada, o cuando no se la entendería, o cuando con ella podrías causar más daño que beneficio. También la verdad tiene su momento y su lugar. Hay ocasiones en las que tenemos que saber callar».

Esto es, así pues, lo que significa «ser prudente». Debemos decir la verdad cuando haga al caso. Así pues, no debemos ir soltando verdades al buen tuntún, sino que hemos de procurar saber realmente, con los ojos externos y con los del alma, con quién estamos hablando. Hemos de extender nuestros tentáculos intelectuales para notar cómo están las cosas a nuestro alrededor y qué efectos producirán nuestras palabras en quien las oiga. Tenemos que darnos cuenta a tiempo de si pueden herir. Cuando así lo creamos, no es que entonces nos esté permitido mentir, naturalmente, esto al menos ha debido quedar claro. Pero sí que deberemos esforzarnos en hablar con tanta delicadeza que el otro note que nos anima una buena intención. En ese caso, la verdad no le herirá. También tenemos que percibir a tiempo cuándo una verdad recia, o una verdad fina y delicada, no serán comprendidas o estarán fuera de lugar. Cuando sea eso lo que suceda, tampoco nos será lícito mentir, en modo alguno. Pero deberemos callar. Todo esto es difícil. Pero conseguiremos hacerlo, si nos mueve una intención honesta y sincera.

Llegados a este punto tenemos que meditar ya con un poco más de profundidad sobre la veracidad. Mira, hay personas que quieren la verdad. Pero la manejan como si fuese un arma arrojadiza, sin preocuparse de los daños que puedan causar con ella. En cambio, nosotros tenemos que aprender a ser realmente veraces y al mismo tiempo delicados. Otros entregan la verdad a cualquiera, juegan con ella, la lanzan como si fuese un objeto sin valor. Nosotros tenemos que decir la verdad siempre, pero también tratarla con el debido respeto. Y esto es algo que se aprende cuando es una buena intención lo que nos lleva a decir la verdad. Es perfectamente posible obrar de otro modo. Lo que algunos llaman veracidad es en el fondo sed de poder, ganas de tener siempre razón, violencia. Hay veces que se dice la verdad y que entre ella y una bofetada no existe diferencia alguna, solo que en el primer caso se golpea con palabras y en el segundo con la mano: en ambas ocasiones hay la misma dureza en los ojos y en el corazón. Puede ser que alguien diga la verdad, pero que lo haga por vanidad. También de veracidad se puede presumir. Se desea que todos vean que uno no le tiene miedo a nada, que uno es «un tipo duro». «Decir la verdad» puede llegar a convertirse en una especie de deporte. Esa veracidad no edifica nada, sino que destruye. Procede del egoísmo, de la vanidad y del espíritu de violencia. Hiere, apena. Basta pensar en más de una de esas conversaciones en que empezamos diciendo «Te voy a ser sincero».

¿Acaso no queda el corazón después de ellas como un campo de batalla, lleno de heridas, amargura y destrucción?

Pero esto tampoco significa que debamos ser melindrosos o tener miedo a decir las cosas sin pelos en la lengua. Una lucha intelectual a cara descubierta es cosa magnífica. Y lo que sea necesario decir, hay que decirlo, por duro que resulte, esto al menos ha de quedar claro. Y si alguien no puede soportar la verdad, qué se le va a hacer. Pero de todas formas haremos bien en preguntarnos si decimos la verdad realmente «con verdad». Debemos decir la verdad, pero «con prudencia», y eso significa tanto como «con amor».

Si procedemos así el resultado natural será que no deshonraremos a la verdad. ¿No has tenido a veces la sensación de que una verdad alta y delicada ha sido ensuciada por quien la dice, porque la ha expresado cuando ni el momento ni la ocasión eran los adecuados? Algunos llaman a eso «abrir el corazón», y sin embargo se trata de un mero traer y llevar cosas serias, íntimas, que deberían conservar dentro de sí o de las que solo deberían hablar en rara ocasión, en momentos sagrados. Otros creen que tienen que decir esto y aquello a todo trance, porque la veracidad así lo exige. Pero se trata tan solo de un irreflexivo abrir la boca y soltarlo todo por incapacidad de mantener las palabras dentro de uno. Ahora bien, esto no significa tampoco que debamos andar con miedo. Lo que tenga que ser dicho, hay que decirlo, le venga bien al otro o no. También hay que estar dispuesto a asumir las consecuencias. Pero haremos bien en examinar si cuando así hablamos lo hacemos realmente «con verdad». Hay que decir la verdad, pero «con prudencia», y eso significa tanto como «con actitud reverente».

Quizá tengas la sensación de que aquí siempre decimos: así, pero también: de esta otra manera. Por un lado esto, por otro aquello. Quizá preferirías que la regla a seguir fuese: di la verdad a troche y moche. Dila sin miramientos, a todos, en todo momento y sobre todos los asuntos. Sí, así la cosa sería más sencilla. Y tendría un aspecto más grandioso, más decidido. No sería necesario esforzarse con la cabeza y con el corazón. Pero piensa durante un momento cuáles serían las consecuencias de tal proceder. Te darás cuenta enseguida de que eso no puede ser. Ahí está precisamente lo difícil: en que la verdad no se puede separar del amor.

Dios es no solo la verdad, sino que también es el amor. Y solo habita en la verdad que procede del amor. Y Dios es no solo la verdad, sino también la reverencia viva misma. Y se complace solamente en la verdad que está enlazada con una actitud reverente.

A la larga, esa falsa veracidad no puede mantenerse en pie. Algún día se derrumbará. Solo subsiste la que obedece a una intención pura y se esfuerza en perseverar en el amor a la otra persona y en la actitud reverente hacia la dignidad de la verdad misma. Así que vamos a esforzarnos por ser absolutamente veraces, pero también, al mismo tiempo, por ser respetuosos y delicados con el prójimo. Ser absolutamente veraces, pero al mismo tiempo saber cuándo es el momento y la ocasión de hablar y cuándo no. Con esa veracidad estamos edificando el Reino de Dios.

¿Podremos encontrar un apoyo para ello en la colaboración del cuerpo? El cuerpo puede mucho, tanto para lo bueno como para lo malo. Déjame que te proponga una cosa: cuando hables con alguien, mírale a los ojos. ¿Que por qué? Sobre todo, porque de esa manera abrimos un camino expedito entre nosotros y los demás. Esa mirada abierta está diciendo: puedes ver que nada se esconde tras mis palabras, y quiero saber que también en ti sucede lo mismo. Los dos queremos saber a qué podemos atenernos y qué es lo que realmente pretende el otro. Pues quien miente evita la mirada del que tiene delante, a no ser que haya perdido ya toda vergüenza. Teme que el interlocutor pueda leer en sus ojos que detrás de sus palabras se esconde otra cosa distinta. Mirar abiertamente a los ojos es expresión viva de que tenemos de antemano una voluntad incondicionada de ser sinceros. Además, de ese modo establecemos un contacto muy directo con el otro. Vemos qué efecto producen nuestras palabras. Notamos cuándo hemos ido demasiado lejos, y podemos enmendar ese error. Notamos si nuestras palabras no han caído en el terreno apropiado y podemos callar. Tampoco esto resulta siempre tan sencillo. Alguien puede ser sincero de todo corazón y sin embargo no poder mirar al otro fijamente a los ojos. Pues esa fijeza en la mirada depende en gran parte de si somos o no personas nerviosas. Así que, si es necesario, tendremos que ejercitarnos en ello. No como si fuese un deporte o gimnasia corporal, sino como manifestación externa y refuerzo de la voluntad de ser sincero.

¿Y sabes dónde se pueden aprender para hablar con veracidad cosas a las que no es posible acceder de ningún otro modo? En el silencio y en la soledad. Las palabras poseen un dinamismo propio. Una vez que se han puesto en movimiento se precipitan solas ladera abajo, al modo de un desprendimiento de rocas que solo obedecen a su propio impulso. Es una gran tentación la que reside en las palabras. Quien sucumbe a ella llega a mentir sin saber cómo. En esa situación se dicen las palabras por ellas mismas, atendiendo solo a lo que en ellas brilla y resuena, y se hace traición a la cosa. Pero, si nos callamos, las palabras pierden ese poder y retenemos la cosa. La cosa nos habla, nosotros la oímos y notamos si la hemos servido o hemos jugado con ella. Quizá ya hayas hecho tú esa experiencia. En el instituto ha habido una discusión. Los demás estaban a nuestro alrededor en actitud expectante, entonces nos hemos puesto a hablar, las palabras iban fluyendo y sonaban grandiosas y llenas de fuerza, poniéndonos en un estado similar a la embriaguez. Unos días después meditamos con tranquilidad sobre lo sucedido, y entonces se nos abren los ojos. Vemos qué vacías eran nuestras palabras, mero parlamento teatral. Notamos qué injustas han sido con otras personas y cómo han sacado a la luz pública cosas que eran demasiado bellas para ser manifestadas de esa manera. ¡Oh, en tales situaciones podemos llegar a ver con mucha claridad qué hemos hecho, con tanta claridad que nos arda el alma de vergüenza y de ira!

La otra fuerza que nos conduce a la mentira es la cercanía de las personas. Cuando nos rodea la gente se despiertan la vanidad, los celos, el egoísmo, el ansia de dominar, todo lo malo que lleva a mentir. En cambio, en la soledad todo eso desaparece y estamos ante Dios y nuestra conciencia. Entonces somos libres y vemos claro. Por ejemplo: se ha reunido un grupo de amigos y uno de ellos está contando algo. Qué grande es la tentación de deformar la verdad para poder hacer un chiste, con la sola finalidad de que los demás se rían. O de presumir para que nos admiren. Cuando estamos solos, ese hechizo se desvanece. Nos llevamos las manos a la cabeza y nos preguntamos: ¿cómo fuiste capaz de decir eso? Solo para provocar una carcajada..., o una mirada de admiración. Aprendamos, pues, el arte de callar. De entrada, no decir nada de lo que no estemos seguros. Pero también de cuando en cuando callar aunque estemos convencidos de tener razón, y en vez de hablar escuchar y reflexionar.

Y después busquemos a veces la soledad, lejos de la gente. Solos en un viaje, solos en nuestra habitación, solos en una iglesia silenciosa. Y allí callar a fondo. Hay también un parloteo interior. También ese debe cesar. Dios está ahí, y mi conciencia. Y entonces meditamos con tranquilidad sobre un asunto importante. Pero dejando hablar a las cosas mismas. Esto es: las miramos, les abrimos nuestro corazón, tratamos con todo cuidado de llegar a saber cómo son realmente. Después, cuando tengamos que hablar, eso hará a nuestras palabras más plenas y verdaderas. O, tras haber mantenido una conversación cualquiera, preguntamos en la soledad: Señor, ¿cómo ha sido la cosa? ¿He hablado por ti o por mí? ¿He dicho la verdad o no? ¿La he dicho en actitud reverente, con amor? Así es como en la soledad aprendemos a estar entre las personas de la manera correcta. Y el silencio nos enseña a hablar bien.

Por la noche volvamos a preguntarnos: ¿cómo me he conducido hoy, hoy por la mañana, en clase, en las conversaciones que he mantenido, en casa? Ahí debemos ser bien estrictos con nosotros mismos. No temerosos. Si propendes a caer en una actitud acobardada, omite por completo ese examen de la noche. Pero de lo contrario no andes con miramientos contigo mismo: ¿he trabajado por el Reino de Dios? ¿He hecho aumentar su Reino, o lo he dejado en la estacada? ¿He dicho la verdad con amor, o la he dicho sin respetar a las personas? ¿La he dicho con una actitud reverente, o la he soltado a destiempo? ¿Era la verdad lo que me importaba, o por el contrario llamar la atención, disputar y ejercer violencia? Sacamos cuentas sobre todo ello con Dios y le pedimos fuerza para hacerlo mejor al día siguiente. Y antes de quedarnos dormidos volvemos a introducir un pensamiento eficaz en lo más profundo de nuestra alma: mañana voy a ser veraz el día entero... con la mirada libre... con la palabra abierta y tranquila... comedido, respetuoso, pero firme..., así voy a ser mañana el día entero.

Para reflexionar: ¿Qué sucede cuando un amigo lo está pasando mal y creemos que podemos ayudarle mediante una mentira? – La mentira ante el lecho de un enfermo. – Las mentiras por cortesía. – Las «maneras de hablar» en el trato social cotidiano. – Cuando no podemos soportar a alguien. – Prudencia y astucia. – Delicadeza con el prójimo y respetos humanos. – Delicadeza con el prójimo y falta de confianza en uno mismo. – En las conversaciones: lucha enconada, pero jovial, y caballerosidad con el contrario. – ¿Cuándo debemos decir a una persona lo que pensamos de ella? – El silencio indulgente. – Callar por amor. – Callar por humildad. – Hablar puede ser tocar en lo más vivo; verdades delicadas.

TERCERA CARTA

DE DAR Y ACEPTAR, DEL HOGAR Y DE LA HOSPITALIDAD

Vamos a hablar hoy de la comunidad, más concretamente de algo que se inscribe en su más íntimo corazón: del dar y del aceptar. No es eso aún lo más hondo de la comunidad. Pero a quien tenga un poco de experiencia de «qué felices nos hace dar», y el auténtico aceptar también, se le alegra el corazón cuando oye hablar de esto. Le gustaría decir grandes y bellas cosas al respecto, pero tan pronto lo intenta se da cuenta de que son meras obviedades. Ahora bien, lo obvio es, sin duda, lo más grande y también lo más difícil que hay en nuestra vida.

¡Hay tanto que podemos dar! Cosas, libros y cuadros; ayuda y buen consejo; una palabra amable, una alegría, un favor... Si alguien no tiene cosas que dar, quizá pueda ayudar con sus obras. Si tampoco eso es posible, podrá dar un consejo acertado, o pronunciar unas palabras de ánimo. Y lo mejor que podemos dar viene directamente del corazón y a él se dirige: la oración. Esta es el poder maravilloso y oculto al que ha sido dado la gran promesa: «todo lo que pidáis en mi nombre, tened fe en que se os dará y lo recibiréis». Hay sobre todo un instante en el que, por así decir, nos convertimos en dueños de las riquezas de Dios: la Sagrada Comunión. No solo para nosotros mismos, sino también para los demás. Es el sacramento de la comunidad. En ella somos uno con Dios, y en Él somos uno con todos los demás hombres. Nos llevamos a casa la gracia de Cristo, y cuando después tratamos a los nuestros con amor la gracia fluye sobre ellos a través de nuestras palabras y de nuestras obras. La llevamos a nuestros amigos y compañeros de trabajo, y actúa en cada una de las palabras que pronunciamos.

Y, finalmente: ¿hemos pensado alguna vez que también de lo que nos apesadumbra podemos hacer un don para otros? Mal humor, sufrimiento, preocupaciones, carencias: si sobrellevamos todo eso con valentía, y lo ofrecemos al Señor como un sacrificio libre, por todos y por todo lo que llevamos en el corazón, participará de la fuerza de la cruz y será de ayuda allí donde ninguna otra cosa puede ayudar ya. Cosas profundas son estas. Reflexiona sobre ellas; no es fácil hablar al respecto. Puede suceder, sin embargo, que alguien se sienta pobre, que no tenga nada que dar. Exteriormente no, y quizá tampoco interiormente. No encuentra palabras para manifestar cuál es su actitud interior. Se siente pobre e inservible en su alma. Pero quizá sea precisamente esa persona la que ha sido llamada al dar más puro. «Bienaventurados los pobres de espíritu», ha dicho el Señor. Solo quien ha experimentado la propia pobreza aprende el verdadero dar. Entonces «es suyo el Reino de los cielos»; se hace humilde, se desprende de su propio yo y aprende a dar «desde el Reino de los cielos», desde Dios. Si es eso lo que te pasa a ti, ten paciencia, espera. Dios llevará a ti la persona que te necesita.

Sí, y puestos a dar, demos lo bueno, no lo pequeño. Lo que estoy diciendo son obviedades, y si ya dominas el arte de dar, pensarás probablemente que estas cosas no hace falta ni decirlas. Pero quizá todavía no hayas llegado hasta ahí, y este punto es muy importante. Si, por tanto, estamos dispuestos a dar, demos la mejor manzana, el libro más bonito, los mejores momentos, el primer lugar en la oración. Vamos a dar cosas de subido precio, no basura. Para ello es necesario que ensanchemos nuestro corazón. Creo que fue San Bernardo quien pronunció estas palabras maravillosas: «Un alma mide lo que mida su amor». Tanto amor tiene, tan grande es. Y esta medida la notamos cada vez que tenemos en nuestras manos algo bello y, por así decir, lo sopesamos una vez más: ¿debo darlo? Pues lo que de precioso tenga una cosa se nota especialmente cuando es preciso separarse de ella. El alma grande tiene entonces mucho amor y dice: es realmente bello esto que tengo, ¡precisamente por eso voy a darlo!

Son muchos los que están esperando a nuestros dones, frecuentemente sin saberlo: padres, hermanos, todos aquellos que la vida ha puesto a nuestro lado, y hoy especialmente los muchos que se han empobrecido y ya no poseen ni siquiera lo estrictamente necesario para vivir. Pero no solo nos están esperando quienes están cerca de nosotros y quienes nos caen bien, sino también los que ya no nos caen tan bien, y asimismo quienes nos son ajenos, e incluso quizá repulsivos. Paupérrima la capacidad de dar que solo reacciona cuando alguien le gusta. «Eso también lo hacen los gentiles», ha dicho el Señor de ella.

¡Pero dar bien! El valor real del don procede del modo en que se entregue. Según sea ese modo, estaremos ante una jovial comunidad o ante un brusco despachar al otro, ante un honor o ante una humillación, ante una acogida cordial o ante un rechazo, ante algo malhumorado y forzado o ante algo elevado y alegre. ¡Demos, pues, de buena gana! «Dios ama al que da con alegría», dice la Escritura. Rápido, sin hacerse de rogar. El mejor modo de dar es incluso cuando ni siquiera esperamos a que nos pidan y nos damos cuenta por nosotros mismos de que algo hace falta, cuando somos nosotros los que nos adelantamos, los que preguntamos. No porque no haya más remedio, sino con un corazón libre, con pura alegría de dar. «Liberalidad», esto es, libertad en el dar, dar sin esperar recompensa: considera esta palabra en tu corazón y nota qué belleza soberana se encierra en ella.

Una cosa más: cuando hayamos dado algo, ya no tenemos derecho a pedir que se nos devuelva. Eso no se hace. Ciertamente, nadie va y dice: «Devuélveme lo que te di». Pero hay muchas maneras de exigir esa devolución. Por ejemplo, cuando alguien ha hecho un regalo «en un momento de debilidad» y después lo lamenta y está desagradable con quien lo recibió, ha pedido la devolución de lo dado. O cuando damos a entender qué valioso era el regalo y que ahora tenemos que pasarnos sin la cosa en cuestión es como si volviésemos a echar mano a ella. Vayamos al fondo. Ya cuando nos arrepentimos de haber dado algo, ¿no es eso haber vuelto a cogerlo realmente? Por tanto: cuando demos algo, démoslo del todo, y dejemos estar la cosa. Con frecuencia no notamos hasta después de darlo qué valioso era lo que hemos dado. Entonces tenemos que mantener en pie lo que hicimos. Sucede incluso que es entonces, y solo entonces, cuando llevamos a su plenitud el don con pureza de corazón.

Pero ¿cuál es el alma del buen dar? El amor. El amor que procede de Dios. Somos hijos de Dios; hermanos y hermanas de Cristo. ¡Nuestro Padre celestial nos da tanto! De Él «viene todo buen don y todo regalo perfecto, del Padre de la luz». Lee las parábolas de nuestro Divino Maestro que tratan de los lirios del campo y de los pájaros del cielo, y lo que dice el sermón de la montaña. El Padre nos da con liberalidad divina. Recibimos de Él y damos a otros. Así se verá si hemos entendido o no lo que Él quiere. No en vano pedimos «danos hoy nuestro pan de cada día». A «nosotros» nos da Él. Cada uno recibe, por tanto, no para que acapare los dones con actitud temerosa, sino para que dé parte en ellos a los hermanos. Esta es la comunión santa de los hijos de Dios. Quien albergue esta actitud sentirá en su interior: «de lo que es mío vas a participar tú también». No porque sea un derecho, sino por amor. Quien albergue esta actitud sentirá involuntariamente lo mismo que el otro, sin necesidad de reflexionar mucho. No podrá soportar estar saciado mientras el otro pasa hambre. Le pesarán sus pertenencias cuando otros sean pobres. Esto es comunión, y se torna más profunda y más virginal cuanto más pura sea nuestra voluntad y más alegre nuestro dar.

Ahora bien, para que pueda suceder eso tenemos que llegar a ser libres. Solo el hombre libre puede dar bien. La Sagrada Escritura habla de «la libertad de los hijos de Dios». Esto significa que no somos esclavos de las cosas, sino sus señores. Cuando alguien está tan apegado a un libro que no es capaz de darlo, no le pertenece el libro a él, sino él al libro. Cuando alguien no se puede separar de su manzana o de su chocolate, es esclavo de ellos. En cambio, los hijos de Dios han de ser señores de las cosas. Deben poder disponer sobre ellas con libertad. También esto es «ser pobre»: «poseer como si no poseyésemos». Y una prueba de ello es dar. Con corazón alegre solo puede dar quien sea libre, señor de las cosas. Y al revés: no hay mejor camino para liberarse de las cosas que dar con corazón sincero. Cada acto de dar nos hace libres, y cuanto más libres seamos más puro se irá haciendo nuestro dar. Y en lo más profundo de nosotros mismos sabemos perfectamente que lo que damos por amor no lo perdemos. Lo notamos con claridad: dar no significa perder, puesto que el amor conserva. Cuando mi hermano tiene algo que yo le di con la debida libertad, ¿acaso, en el fondo, no lo tengo también yo? O, si no, ¿qué puede significar: tener comunión? Pero tenemos que haberlo dado con verdadero amor. No es este un sentimiento, sino desprendimiento del propio yo. Significa que albergamos hacia el otro la misma actitud que hacia nosotros mismos y que le tratamos «como a nosotros mismos».

El amor no solo conserva; el amor transfigura. Lo que se da con amor, él lo lleva a la gloria de Dios. Cuando alguien da con amor, algo terreno y pasajero queda transformado en celestial, para siempre. Una cosa ruin se ha vuelto resplandeciente, y una plenitud enteramente nueva irradia de ella. ¿Te acuerdas de lo que decía el Señor de que «debemos atesorar tesoros en el cielo»? Allí, en Dios, lo dado pertenece a quien lo dio y a quien lo recibió. Y ambos están en una inefable comunión. Esta es la más profunda alma del dar. Y de ahí recibe también su modalidad correcta. Creo que la mejor manera de dar es cuando ha llegado a convertirse en una obviedad. Mientras nos siga pareciendo que hay algo de especial en dar, nuestro dar todavía no será enteramente perfecto. El dar solo es verdaderamente bello cuando ha llegado a convertirse en algo obvio para una persona, cuando esa persona ya no ve nada especial en dar. Dar y aceptar es una bella modalidad de comunión entre las personas, y nada más. Es el movimiento respiratorio de la comunión viva. Así que nada de un grandilocuente «hacer buenas obras» y «recibir buenas obras». ¿Qué ha hecho de grande quien ha dado? Ha transmitido una chispita de la luz que el sol de Dios vierte sobre él cada día de modo superabundante. Ha tenido una alegría. Por ello, no puede aspirar a recibir agradecimiento. No en vano el Señor ha dicho que «dar os hará felices». ¿Pretendes que se te den las gracias porque te ha sido permitido «ser feliz»?

Cuando alguien alberga tal actitud interior, también procura que a quien recibe lo dado le sea fácil aceptarlo. Con frecuencia aceptar resulta más difícil que dar. No estamos hablando de gente insensible que solo va a ver qué puede pillar. A ese tipo de personas aceptar no se les hace difícil. Me refiero a quienes tienen honor y delicadeza de sentimientos. Para ellos resulta con frecuencia muy duro. Pues cuando alguien da parece de entrada como si estuviese diciendo: «Yo tengo, y tú no. Soy más rico que tú; más fuerte que tú; me necesitas». Esto puede ser muy amargo. El gran arte de dar está en que esa amargura desaparezca. En que quien recibe lo único que sienta sea: «Qué bien que todo haya resultado así. Que esta persona haya aparecido y me haya ayudado cuando yo estaba en un aprieto». Incluso se puede decir que el don sería enteramente perfecto cuando quien lo recibiese no notase en absoluto que se le había dado algo. Cuando pudiese recibir de la misma manera que nosotros recibimos todos los días de manos de Dios la luz, el calor y el latido de nuestro corazón, y todo lo que vive en nosotros, y las personas que nos rodean. «En Dios vivimos, nos movemos y existimos», y no nos damos cuenta de ello. Esta es la delicadeza infinita de Dios, su suprema libertad en el dar. Tenemos que aprender de ella. Pero ¿cómo? Sobre esto no hay mucho que decir. Tenemos que adquirirla por nosotros mismos. Tenemos que dejar que nos atraviese el siguiente pensamiento: aquí yo no soy en modo alguno lo importante. Que el otro me comprenda, que me dé las gracias, que vea en mí alguien que le ayuda amablemente: todo eso es por completo accesorio. Lo único que importa es que le ayudemos, que le demos una alegría. Tenemos que entrar con decisión en nuestro propio corazón y arrancar todas las malas hierbas de vanidad, de autocomplacencia y de búsqueda de nosotros mismos que crecen descontroladamente en nuestro interior. No me es lícito querer otra cosa que estar con toda sinceridad a disposición del otro. Con el tiempo se puede llegar hasta ahí. Tenemos que abrir los ojos y averiguar dónde hay alguna carencia. Estar atentos y adelantarnos a una petición. Dar de buena gana, y arrancar de nuestro corazón hasta el último resto de mal humor, reluctancia o tacañería que pudiesen hacer amargo el acto de dar. Mostrar al otro que cuando se deja ayudar nos está proporcionando una ocasión para experimentar una alegría. Dar con delicadeza: sí, incluso pedir permiso para ayudar, y otras cosas similares.

Otra cosa que puede sernos útil es preguntarnos: si yo fuese el que recibe el don, ¿cómo me sentiría si alguien me hablase como yo acabo de hacerlo? ¿Si se dirigiese a mí de esa manera? ¿Qué desearía yo en ese momento?

Entonces recibir resulta fácil. A veces es difícil. Especialmente cuando se nota que el otro no da de buena gana, o que necesita lo que da. Y cuando alguien es muy sensible, o tiene un carácter orgulloso, recibir puede hacérsele muy duro. Pero hay que aprender a hacerlo. Tener comunión significa también saber recibir. Somos soberbios y no queremos dejarnos ayudar. Somos demasiado susceptibles y nos sentimos humillados por un don. Somos orgullosos e incapaces de pedir. Queremos ser independientes y no quedar obligados. Mientras sigan así las cosas, no habrá comunión. Aceptar y dar son un puente tendido de persona a persona. Pero ese puente se apoya en dos pilares, y uno de ellos es precisamente recibir. Cuando falta quien sepa recibir bien, el puente se hunde. Así pues, tenemos que aprender a pedir con toda sencillez cuando necesitemos algo; a recibir con el corazón abierto; a alegrarnos y a dar las gracias con sinceridad. Recibir bien es de suyo una forma de obrar, y, por cierto, de gran altura. Es condición necesaria de que el buen dar pueda tener lugar. El buen recibir tiene tanta parte en la obra de la comunión de los hijos de Dios como el buen dar. El buen recibir es asimismo amor, y contribuye a la construcción del puente santo. Quien comprenda esto, ya no se avergonzará. Quien sepa recibir bien, volverá a casa con la siguiente sensación: «Qué alegría que haya personas capaces de dar así».

Una modalidad de la comunión del dar especialmente valiosa es la hospitalidad. ¿Qué quiere decir dar hospitalidad a alguien? Significa que alguien está «fuera» y que le acogemos en nuestro «dentro», en nuestro «hogar». Ese «fuera» y ese «dentro» pueden ser literales, cuando alguien carece de hogar, o está de visita, y nosotros le damos hospitalidad. Entonces entra en nuestra casa, en nuestra habitación, y se queda dentro, con nosotros. En esos casos, la correcta hospitalidad estriba en hacer que el huésped se sienta como en su casa. Tiene que obtener lo que necesite: comida, bebida y todo tipo de atenciones, y, por cierto, bien preparados, con limpieza y abundancia, lo mejor que se pueda. Pero todavía se necesitan más cosas para la buena hospitalidad. Se puede hacer pasar a alguien, y que sin embargo tenga la sensación de que sigue estando fuera. Su cuerpo ha entrado, pero su alma no. Hay que acogerle también con el espíritu. Y eso sucede cuando salimos a su encuentro con amabilidad. El huésped nos trae a Dios. Así lo ha dicho el Señor: «Estaba de camino y me acogisteis». Esta verdad la hemos olvidado. Antes se sabía de ella. Cuando aún no había trenes ni coches, cuando no había más remedio que recurrir al otro, las personas sentían con viveza que el huésped es algo sagrado, y sagrado también el derecho de hospitalidad. Ahora, muchas veces, sabemos solo de «visitas» en las que la gente conversa y se aburre. De la realidad interna de la hospitalidad se sabe mucho menos. Todos son extraños para los demás: que cada uno salga adelante como buenamente pueda. Pero la juventud sabe que todos los jóvenes forman una comunidad. Las acampadas, las largas excursiones a pie han liberado al hombre del hotel, de las comodidades modernas. Un mismo querer crea lazos. Y, sobre todo, la penuria de nuestros días acerca a las personas entre sí. El hombre vuelve a extender la mano hacia el hombre. La antigua hospitalidad tiene que volver a despertar, el sagrado derecho a recibirla y la sagrada obligación de darla, y la conoceremos en toda su belleza y profundo sentido. «Acoged al huésped como a Cristo mismo», dijo San Benito. Los corazones tienen que volver a estar abiertos a este mandamiento.

No es con excesos de efusividad como hemos de acoger al huésped, sino con una disposición sincera. Con sencillez y alegría. Démosle lo que tengamos: comida y lecho, una palabra amable y toda la ayuda que necesite. Y cuanta mayor sea la sencillez y obviedad con que lo hagamos, tanto mejor. Tiene que sentirse en casa. No seremos cargantes con él, pero tampoco le dejaremos en la estacada cuando necesite nuestra ayuda. No arrastraremos a nuestras visitas de acá para allá para que vean todas las «atracciones turísticas»; deben sentirse libres. Pero cuando notemos que les gustaría tener compañía no las dejaremos solas. En cualquier caso, los detalles concretos han de quedar confiados aquí a la reflexión de cada uno.

Todo eso es lo primero que se nos ocurre cuando hablamos de la hospitalidad. Pero hay además otra manera distinta de acoger en nuestro «dentro» a alguien que está «fuera». Un saludo amable es ya una acogida, aunque solo dure un poco. Es un rápido entrar y volver a salir, pero conforta. O una conversación: la puerta por la que se deja entrar al huésped es escucharle y comprenderle. Durante un rato se siente en casa, y cuando se va lo hace reconfortado. Con esta hospitalidad puede suceder también que quien haya entrado no necesite volver a salir, que pueda quedarse dentro y que encuentre un hogar para siempre, en la confianza, en la lealtad. Todo esto es bonito, y es una parábola de otra cosa verdaderamente alta. Cuánto vale la hospitalidad solo lo sabe quien viene de fuera, de tierra extraña. Se siente a gusto cuando corazones bondadosos y hospitalarios crean para él un hogar. Pero ¿no somos todos caminantes? ¿No lo son, al menos, cuantos no están sentados bien comidos ante la chimenea? ¿Todos aquellos en los que el anhelo de la eterna lejanía está vivo y les empuja hacia fuera, cada vez más lejos, atravesando bosques oscuros y profundos barrancos, en demanda de las cumbres? ¿Hacia arriba, hacia la altura eterna, donde habita Dios en el silencio y en la luminosidad infinita? ¿No somos caminantes, sin morada permanente en lugar alguno de este mundo? Mira, este es el sentido más profundo de la hospitalidad: que una persona dé acogida a la otra en la gran peregrinación hacia el hogar eterno. Que por un rato le dé morada para su alma, tranquilidad, fuerza y la confianza en que todos somos compañeros de camino y llevamos la misma ruta. Toda hospitalidad en la que viva algo de esa hospitalidad del alma será buena.

Para que podamos dar hospitalidad tenemos que salir a buscar a quien está fuera, tenemos que poder ofrecerle un hogar. Para ello es necesario que nosotros mismos tengamos uno; si es así podremos decir: «¡Entra!». ¿Qué es lo que hace falta para que una casa sea un hogar? Primero, cosas externas: que el suelo y las habitaciones estén bien limpios, y cada cosa en su sitio. Que la casa esté ventilada y entre mucha luz. Tiene que haber un bendito silencio, por mucho y diligentemente que se trabaje; nada de discusiones, gritos o portazos. La tranquilidad ha de llenarlo todo, aunque cada uno esté haciendo sus tareas propias: nada de carreras, prisas o andar a lo loco de un lado para otro. También tiene que haber en la sala de estar algo que la haga amable, ¿te acuerdas de la carta sobre la alegría del corazón? Un cuadro bonito en la pared; un tapete de bellos colores sobre la mesa; un ramo de flores que huelan bien; una maceta en la ventana luminosa. Quienes salgan al encuentro del huésped deben estar vestidos con pulcritud. Con ello no me refiero a adorno especial alguno. En la ropa puede haber perfectamente un zurcido bien visible, o incluso varios. Y, naturalmente, si alguien estaba limpiando la casa o viene de la cocina, eso se notará. Y también es bueno que el huésped lo note. Le dará alegría ver que aquí no hace falta aparentar nada y que a él se le trata realmente como si fuera de la familia. Pero la ropa tiene que estar bien conservada; no se debe percibir ningún descuido en ella. La persona entera, cuerpo y vestido, debe estar bien limpia, y tener polvo solamente cuando venga de trabajar. Y cuando hayamos terminado nuestra tarea y estemos sentados con los demás a la mesa, o en la sala de estar, a una cara alegre le pega también ropa amable, por sencilla que sea. Ciertamente, más importante que todo eso es la cara amable misma; una voz bondadosa, no muy alta, de la que Shakespeare dice que es «cosa preciosa en una mujer»; un saludo cordial, una pregunta que muestre que nos interesamos por esa persona. Cuando se dan todas esas cosas, hasta la más pobre salita hace que el huésped se sienta como en casa. Especialmente a las jóvenes concierne todo esto, a las mujeres. Son ellas quienes hacen de la casa un hogar, ya lo hemos notado en todo lo que llevamos dicho. La mujer da origen a lo escondido, silencioso, cálido. Tiene que hacer que el huésped sienta tranquilidad. No obstante su oficiosidad tiene que procurar que reine la paz en la casa. Tiene que atender a todo, sin que sin embargo haya sensación de agobio por un exceso de actividad. A pesar de todas sus tareas tiene que encontrar tiempo para sentarse un ratito con el huésped y hablar con él, o también –y esto es mucho más difícil– para callar con él. ¿Conoces las hondas palabras de Brentano* «... y hay en ti un silencio que se oye con el alma»? En ese silencio, el huésped descansa su alma y la cura. Pero esto no resulta fácil, sino que es la obra maestra de la hospitalidad. La mujer tiene que crear ese ambiente que da calor de hogar, que hace que se sienta bien quien viene de fuera. Tiene que notar si el huésped está cansado, percatarse de

* Clemens Brentano, importante poeta y filólogo romántico alemán (1778-1842). (Esta y todas las notas llamadas mediante asteriscos son del traductor.)

qué es lo que más necesita. Tiene que darse cuenta de si al huésped le gustaría estar solo o más bien desea compañía; de si quiere que le pregunten o solo que le escuchen tranquilamente; de si quiere que le dejen la llave y dar un paseo él solo, o que le acompañen. Tiene que pensar en todo, y sin embargo el huésped no debe tener nunca la sensación de que es una carga, o de que está obligando a que se alteren las costumbres de la casa, pues de ser así, y como es natural, dejará de sentirse a gusto.

Estas son grandes cosas, ¿verdad? ¿Cómo se aprenden? Cuando se es realmente hospitalario, realmente desprendido. La bondad sincera: esta es el alma de la hospitalidad. Verdaderamente hospitalario solo podrá serlo quien esté libre para el huésped. ¿Libre de qué? De sí mismo. Cuando nos alegramos de tener un huésped porque deseamos oír novedades, con toda seguridad resultaremos cargantes. Cuando queremos que nos den conversación, no notaremos que el huésped está cansado. Cuando queremos «enseñar» nuestras cosas, nuestros cuadros y libros, el ajuar doméstico, las habitaciones, la vajilla, lo bien provista que tenemos la despensa o la bodega, estaremos abrumando al huésped, que respirará aliviado cuando ya no tenga que oírnos presumir. Cuando nos regodeamos en nuestra propia disposición a ayudar, y venimos corriendo a cada instante, trayendo algo, preguntando algo, el huésped tendrá la sensación de que se le está atiborrando y de que se le está tratando como a un niño pequeño, y se sentirá agobiado. Tenemos que ser libres de nosotros mismos: no querer divertirnos, mostrarnos, sentirnos nosotros mismos, no ser curiosos ni empalagosos. Tenemos que estar libres para el huésped: con toda sinceridad no querer otra cosa que hacer que lo pase bien, y que lo pase bien como a él le guste. Y si abrimos los ojos y los oídos del corazón, y ponemos interés en ello, notaremos enseguida qué debemos hacer y qué no. Si no estamos pensando constantemente en nosotros mismos, habrá sitio en nuestro interior para los demás: podremos prestar atención al huésped, pensar en él, comprenderle, etc. Y si tenemos nosotros mismos alguna pena o cualquier molestia física, hemos de mantener la cabeza alta y poner una cara amable: eso no es hipocresía. Un sufrimiento callado con valentía estará detrás de la amabilidad y la hará tanto más profunda. No se te escapa que habría muchas más cosas que decir a este respecto. Pero sigue pensando por tu cuenta.

Y ahora reflexionemos sobre la segunda cara de la moneda. ¿Cómo debe comportarse el huésped para que haya auténtica hospitalidad? Pues, al igual que no puede haber un bello dar sin un bello recibir, tampoco podremos dar hospitalidad bien si no somos por nuestra parte buenos huéspedes. Ser un buen huésped significa contentarnos con lo que nos den. Significa poder alegrarse; tener ojos para ver y corazón para apreciar lo que hacen quienes nos dan su hospitalidad.

Significa tener el tacto suficiente para saber qué se puede hacer y qué no, para notar si estamos siendo una carga, si quien nos acoge en su casa tiene que trabajar o que salir. Significa saber cuándo hay que llegar y cuándo hay que irse; qué se puede decir y qué no. También con qué frecuencia podemos presentarnos en la casa ajena, pues antes que nada una persona está en su hogar para disfrutar de él ella misma. Más de uno se ha sentido perturbado en su vida propia por quienes vienen, exigen, cogen, sin darse cuenta de que también la hospitalidad tiene sus límites y de que si no se respetan se convierte en una carga y en una destrucción.

Sobre los detalles concretos a los que habría que prestar atención ahora puedes seguir pensando por tu cuenta: sobre lo relativo al dar o al aceptar; a la hospitalidad exterior o a la interior; al modo de combatir la tacañería, la avaricia, el mal humor, la susceptibilidad, el orgullo; al saber saludar y saber escuchar, etc. Piensa también en lo que hemos dicho sobre lo externo, sobre el hogar. Vamos a disponer nuestra morada de modo que se convierta en un hogar: limpia, acogedora, ordenada, por modesta que sea. Vamos a estar nosotros mismos de manera que podamos acoger a otros en cualquier momento: limpios y alegres. No te olvides de hacer balance por la noche sobre si has sido fiel a ti mismo, y por la mañana renueva en ti esa voluntad. Y, antes de quedarte dormido, un pensamiento que siga actuando durante la noche: «Una de nuestras más preciadas virtudes es el dar... el recibir... la hospitalidad. Qué bonita es... Mañana voy a ejercitarme en ella... y con ánimo alegre... desde la claridad del corazón...».

Para reflexionar: Cuando tenemos que rechazar una petición. – Cuando alguien no quiere dejarse ayudar. – Cuando pedimos un favor indebido. – Liberalidad y derroche.– ¿Cuándo es lícito no dar? – Espíritu ahorrativo. – Tacañería.– Previsión. – Tener confianza en los demás y ser demasiado confiado. – Las dañinas consecuencias de dar irreflexivamente. – Fiarse de otros. – «Dar las gracias» y «pagar». – Ser una carga. – Ser empalagoso. – Tacto. – ¿Cómo se recompensa la hospitalidad? – ¡Demasiado a menudo!, ¡demasiado tiempo! – El arte de irse en el momento oportuno. – Estar e irse de tal manera que quien nos dio hospitalidad se alegre de que volvamos...

CUARTA CARTA

IR EN SERIO

Cuando el orfebre quiere tasar una joya, la frota con la piedra de toque, y en el trazo que deja reconoce los quilates que tiene. ¿Dónde está la piedra de toque con la que se pueda ver cuál es el valor real de una elevada meta?

Un joven está con otros alrededor del fuego. La hoguera arde impetuosa, las manos se unen formando un círculo, y todos notan cómo el alma sube hacia lo alto junto con las llamas. Si entonces dice: «¡Yo también quiero subir y subir!», esa exclamación nos parecerá muy bonita. Puede llegar a convertirse en el comienzo de una nueva vida. Puede, porque en y por sí mismo ese entusiasmo no da garantía alguna de que la cosa vaya en serio. Cuando el muchacho vuelve a casa, con sus padres y sus hermanos, cuando vuelve al instituto, con sus compañeros y amigos, es cuando se decide lo que va a suceder. Puede que siga siendo la misma persona que antes: malhumorado, siempre descontento, insoportable, poco trabajador. Entonces el entusiasmo se quedó en nada. Pero si sacude su desgana, se esfuerza por tratar con amabilidad a sus padres, a sus hermanos, al servicio y a las restantes personas con las que conviva, pone mano decididamente en su mal humor y lo vence, es un buen compañero de clase, entonces el entusiasmo ha superado la prueba...

O imaginémonos que cuando estaban todos juntos se leyó en voz alta algo bonito: sobre la renovación del hombre, por ejemplo. El corazón se enciende y se toma una decisión: «¡Quiero!». Si la cosa es auténtica o no, aún no se puede saber. Si después se sigue dando rienda suelta igual que antes a los viejos defectos, se habla de los demás a sus espaldas, se les denigra, se es irascible, perezoso, descuidado en el trabajo, entonces todo era un mero fuego de artificio. Pero si se comienza una tenaz lucha con las cosas malas que se tengan en el corazón; se combate la mentira, la pereza, como si fuesen los peores enemigos; día tras día, con renovado empeño, entonces es que ese fuego interior era auténtico... Si una elevada meta y un entusiasmo son o no auténticos, es algo que no se nota en los momentos solemnes, sino en lo cotidiano. Si alguien va o no en serio, es algo que no se ve en las grandes decisiones, sino en las tareas pequeñas de cada día. Ir en serio, afrontar la realidad con pensamientos grandes, quiere decir informar con ese mismo espíritu la propia vida cotidiana en las mil pequeñas ocasiones que se presentan todos los días.

Tenemos metas elevadas. Nos gustaría, sencillamente, hacer mejor el mundo entero. Que los hombres fuesen más puros, más nobles y más alegres. Que tuviesen mejores alegrías que hasta ahora, que su sociabilidad se hiciese más bella, su trabajo digno del hombre. Hay tantas cosas que nos gustaría que fuesen de otro modo, a veces completamente de otro modo. Con frecuencia hemos hablado de ello, y en esos momentos se dibujaba en nuestra alma una clara imagen de la renovación del hombre. En esa imagen, gracias a la fuerza de Dios y de la buena voluntad, el mal estaba vencido, y el hombre había llegado a ser realmente hijo de Dios. Con gran convencimiento decretábamos que había que hacer tal cosa y tal otra, pero ¿no teníamos en ese mismo instante en casa, sobre nuestra mesa, un trabajo que deberíamos estar haciendo justo en ese momento? Se nos llenaba la boca con frases grandilocuentes, mientras por dentro la conciencia nos decía: «¡Chico, hay que ver cómo te engañas!, ¡empieza cumpliendo tu deber más inmediato! Quieres renovar el mundo, y dejas sin hacer los problemas de matemáticas. Probablemente los copies de un compañero a toda prisa mañana temprano. ¿Es eso tomarse las cosas en serio? – O bien: condenas la mala situación reinante, y al mismo tiempo no has hecho el recado que se te encargó. Tienes en casa tu habitación sin ordenar, y el trabajo escrito ya tenía que estar terminado ayer. ¿Puede mejorar el mundo, si no haces precisamente lo único que cuenta para ello, tu deber de cada momento? ¿Qué otra cosa podría ser aquí y ahora «ir en serio»?».

Ya se ha dicho con frecuencia que todo tiene que llegar a ser sencillo y natural, que el mundo está echado a perder a base de meras pretensiones y divertimentos. Que tendríamos que llegar a no tener apenas necesidades, para así mostrar al mundo el camino que debe seguir. Quizá hayamos pronunciado incluso la gran palabra de la pobreza, hayamos hablado de San Francisco y hayamos dicho que tiene que volver a despertar su espíritu de pobreza, de libertad soberana. Pero: ¿hemos hablado de esas cosas cuando estábamos bien comidos, y en ese estado de satisfacción dejábamos que nos corriesen por el alma las palabras grandilocuentes, los estados de ánimo heroicos? O, por el contrario, cuando en casa se andaba mal de dinero, ¿nos lo hemos tomado con buen humor, para que nuestro rostro alegre le hiciese más llevaderas a nuestra madre sus preocupaciones? Ya te das cuenta de que aquí está toda la diferencia. Lo primero no era más que una manera de hablar; lo segundo es ir en serio. ¿Nos hemos acordado de la pobreza de Cristo y entonces hemos renunciado a una diversión, a una agradable reunión? ¿Cuando era necesario por alguna razón, o quizá solamente para llegar a ser «pobre», es decir, libre? ¿O, en cambio, cuando hablábamos de la pobreza lo hacíamos como quien saborea una golosina espiritual? ¿Como una cosa escogida de la que nos alegramos, por ejemplo, una poesía, pero sin que influya en nada sobre nuestra vida?

Responsabilidad: ¡qué cosa, también esta, tan sumamente importante! No hay ninguna otra palabra que pese tanto sobre el alma de un hombre sincero. Pero existen personas que están hablando continuamente de responsabilidad. Tienen responsabilidad por la juventud, responsabilidad por el pueblo, responsabilidad por la humanidad, por el mundo, quién sabe por cuántas cosas más. Miremos eso más de cerca. En un grupo no son todos de la misma opinión. Pero están en trance de volver a poner en marcha la historia. Un buen día, alguien tiene una intervención poco afortunada. Quien la oye sabe cómo están las cosas; a pesar de ello se dirige a los demás: «¡Mirad lo que ha dicho Franz!». Gran irritación, y la ruptura es definitiva... En otro lugar se va a elegir al director. Se piensa sobre todo en una persona. Solo que una vez esa persona dijo: «Si yo fuese el director, aquí habría mucha más disciplina». Lo dijo sin pensar mucho. Pero ahora alguien se acuerda de eso, y dice: «No podemos elegirle director, le gusta demasiado mandar». Con ese comentario se ha sembrado ya la desconfianza, y una persona muy valiosa no accede al puesto que le corresponde... Hay que llevar una caja común, o es necesario hacer compras de cierta envergadura. «¿Quién se encarga de ello?» – «¡Yo!». Unas semanas después: «Oye, trae las cuentas para ver qué tal andamos de dinero». – «¡Muy bien!». Otras dos semanas más tarde: «¿Has echado cuentas?» – «No, todavía no». Otros quince días después: «Lo voy a hacer ahora mismo. No me metáis tanta prisa». En ese momento ya han pasado meses. «Vamos a ver, ¿cuándo vas a tener de una vez las cuentas hechas? Ya va siendo hora». – «Sí... faltan 60 marcos... no sé dónde pueden estar metidos». – «Pero ¿no has ido anotando todos los gastos inmediatamente después de hacerlos?» – «No..., pensé que bastaba con tenerlos en la cabeza...» ¿Es eso responsabilidad? ¡Pero todos habían pasado grandes ratos hablando de ella...!

En una reunión alguien ha manifestado su opinión, abiertamente y con objetividad, sobre algo que no marcha como debiera. Quizá la ha manifestado con cierta dureza, pero también con la mejor intención, y todos se lo tomaron bien. Unos días más tarde, dos se encuentran en la calle: «¿Te has enterado? El otro día Kurt dijo cosas muy fuertes. Ha habido un buen enfado». – «¿Estabas presente?» «No, pero Fritz me lo ha contado». Una semana después en una ciudad cercana: «¿Él? ¡No! El otro día puso por los suelos a su propio grupo de una manera vergonzosa». Diez kilómetros más allá: «A Kurt le han echado del grupo». – «¿Por qué?» – «No hacía más que provocar conflictos. Ya nadie podía trabajar con él». Quien oye esto da la casualidad de que conoce a Kurt y se encuentra con él unos días más tarde. «Bueno, ¡estarás que trinas!» – «No, ¿por qué lo dices?» – «Hombre, porque tu gente te ha expulsado, ¿no?» – «¿A mí? ¡Pero si el domingo pasado me han hecho director!»... Todo esto suena divertido, ¿verdad? Pero es muy serio. Piensa por un momento qué daños producen esas habladurías irresponsables. Cuánto de comunidad se arruina, cuántas buenas amistades, cuánto trabajo honrado. ¡Con qué ligereza se da crédito a rumores y se cuentan a otros, que a su vez también creen en ellos! Así se van haciendo cada vez más grandes y descontrolados. No pasa nada, sencillamente se toman por verdaderos. ¿Sabes?, cuando en algún sitio se habla mucho de responsabilidad hay diferentes maneras de comprobar qué grado de seriedad tiene la cosa. El procedimiento más seguro es ver qué sucede con los rumores. Si hay pocas habladurías, o se cortan poco después de que aparezcan, es señal de que ahí reina la responsabilidad. Pero si un rumor surge con facilidad, y se cree y difunde con no menos facilidad, todo lo que se diga de la responsabilidad será mentira...

Uno lee mucho, se ocupa con todo tipo de cuestiones. Él mismo puede quizá tolerarlo, porque eso va con su forma de ser. Pero se dedica a inquietar a los demás con las cosas que les dice, unas veces sobre religión, otras sobre las relaciones con la casa paterna, con las chicas, con los profesores o los compañeros. Los otros no saben qué decir, su forma de ser no es esa, se esfuerzan en vano, se quedan intranquilos y confusos. Pero a él no le producen quebradero de cabeza alguno los daños que puede estar causando... Se está hablando de un libro. Él lo ha leído. Para ser sincero, debería decir que ese libro no le ha ayudado y que le ha hecho pasar momentos de intranquilidad. Lo que leyó en él se le viene a la cabeza constantemente, se introduce entre él y Dios, le roba el gusto por el trabajo, le pone irritable y de mal humor. Sin embargo dice: «¡Lo conozco! ¡Muy interesante!». Naturalmente, entonces también lo leerán los demás, y quizá a alguno de ellos le cueste su paz interior. Pero el otro ya ha hecho discursos magníficos sobre la responsabilidad...

San Pablo dice que quien no sabe gobernar su propia casa no sirve para desempeñar cargos públicos. ¿No es eso precisamente lo que sucede aquí? ¿Qué podemos pensar de una persona que quiere tener responsabilidad sobre la juventud, la cultura y la humanidad, y a poco que nos descuidemos también sobre el planeta Marte y la estrella Sirio, pero se olvida con facilidad de obligaciones por ella asumidas y no se preocupa nada de los daños que pueda causar con lo que dice, de si roba la paz del corazón sin necesidad alguna a las personas que le rodean?

Quien se proponga tomarse en serio la responsabilidad no debe empezar por el pueblo o por la cultura. Esa responsabilidad no será en su caso más que hablar por hablar. Donde tiene que empezar es donde le concierna directamente. Debe tener claro qué efectos produce lo que él dice sobre quienes le escuchan. Tiene que cumplir a conciencia las obligaciones que haya asumido...

Comunidad. ¡Una palabra llena de fuerza! ¿Has pensado ya en tu interior cómo se toma en serio la comunidad? Hay una comunidad de los días de fiesta. Son esos raros momentos en los que sentimos cómo somos uno en lo más profundo. Pero sobre esos momentos no se puede edificar la comunidad; se vendría abajo tan pronto llegase el gris día a día. Ahora bien, precisamente en lo cotidiano es donde debe tener consistencia la comunidad, pues de lo contrario no sirve de nada. Solo podemos construirla sobre algo que se dé todos los días: sobre la firme voluntad de respetar a los demás, de trabajar con los demás, de ayudar a los demás. Eso se puede hacer en todo momento; también se puede exigir siempre y de todos. En cambio, las experiencias de esos raros momentos no. Ahora bien, por la comunidad del día a día hay que trabajar constantemente, con renovados esfuerzos, una y otra vez.

Estamos en una reunión de amigos y notamos que el ambiente decae. Tomarse en serio la comunidad querría decir entonces sacar adelante la cosa con una firme voluntad: seguir leyendo el libro, dar un nuevo giro más interesante a la conversación, llevar a término el trabajo. Si se ha logrado atravesar así los momentos bajos, luchando a brazo partido, al final puede que las personas estén más cerca unas de otras que en virtud de las más bellas experiencias... Tomarse en serio la comunidad quiere decir llevar a cabo lo que se asumió, aunque ya no nos haga mucha gracia. Ayudarse mutuamente, también en lo cotidiano, también cuando no tengamos ganas, también a quienes no nos sean especialmente cercanos, también cuando nos resulte difícil...

En un congreso algunos dicen cosas maravillosas sobre la comunidad. Exponen qué poco espíritu de comunidad hay en el mundo, en los centros educativos, en la familia, en el pueblo. Dicen que eso tiene que cambiar, como sea. Un día les hacemos una visita en su sede. En verdad, el grupo tiene realmente un solo corazón y una sola alma. Nos encontramos con un conocido: «¡Oye, ese sí que es un buen grupo! ¡Cómo se nota lo unidos que están!». – «Sí, sin duda... Pero han expulsado a fulano y a mengano». – «Pero, ¿por qué?» – «No podían trabajar con ellos». – «¿Es que les molestaban?» – «De ninguna manera. Sabes... es que no les gustaba tener a gente distinta de ellos en el grupo...» – El caso no es tan imposible, ¿verdad que no? Solo que, ¿es eso comunidad?

En otro sitio hay un par de personas que están tan unidas entre sí que llegan a formar un grupo dentro del grupo. En toda reunión, en toda excursión se ponen juntos y se olvidan de los demás. O bien hay algunos a los que los demás les dejan al margen, de manera que acaban teniendo la sensación de que en realidad están fuera... ¿Es eso comunidad? ¡Una mera camarilla es lo que son! ¡Les falta verdadera humanidad y delicadeza! ¿Qué sería entonces una comunidad tomada en serio? Cuando un grupo se reúne de la mejor manera para todos, no como mejor les conviene a algunos. Y cuando después se esfuerzan sinceramente por respetarse unos a otros, por comprenderse, por ayudarse y por trabajar juntos. El grupo no es un mero círculo de amigos, sino una comunidad de trabajo, de lealtad, de rigor consigo mismo. «Pero, ¡qué difícil es eso!», dirá probablemente más de uno. Sin duda que lo es, pero cuando hacemos grandes discursos sobre la comunidad, ¿estamos pensando en algo que sea fácil? Si fuese fácil, podría formar una comunidad cualquier club de bolos, y no veo para qué tanto discurso. «Pero una comunidad como esa tampoco nos aporta nada». A lo que hay que replicar: la comunidad no es cosa de sentimientos, sino una tarea de constante autosuperación. No se trata en primera línea de que «nos aporte algo», sino de que lo aportemos nosotros. Y solo se estará tomando en serio la comunidad quien no pregunte: «¿qué puedo sacar de ella?», sino «¿qué debo darle?». Y quien practique esta forma de hacer comunidad, al final habrá sacado de ella mucho más que del círculo más íntimamente unido pensable.

Comunidad popular. Otra gran cosa. Que los diferentes

estratos del pueblo noten que se copertenecen; que las diferentes profesiones sepan que forman parte del mismo todo; que el estudiante y el trabajador manual, el bachiller y el aprendiz se perciban como iguales. Sí, ahí hay algo grande. Pero ¿cómo se hace eso en serio? Cuando alguien quiere comunidad popular, entonces el cobrador del autobús, el dependiente y la chica de servicio están en comunidad con él, y deberá mostrar si sabe encontrar al tratarlos el tono cortés y natural que merecen quienes están conmigo en comunidad... Comunidad popular significa estar convencido de que el trabajo manual puede ser de suyo igual de valioso que el trabajo intelectual. Pero ¿dónde nos sale al encuentro todos los días? ¡En lo que más cerca tenemos! En el trabajo de nuestra madre. Comunidad popular significa, por tanto, reconocer el valor del trabajo que hacen las madres: cocinar, lavar, coser, limpiar, zurcir. Todo lo que digamos sobre la comunidad popular serán palabras vacías mientras no nos preguntemos: ¿qué es lo que hace mi madre en casa?, ¿cuántas horas trabaja al día?, ¿qué sentimientos alberga al trabajar así?, ¿tiene días festivos?, ¿vacaciones?, ¿se le agradece su trabajo?, ¿se nota siquiera?, ¿o se da sin más por supuesto? ¿Cómo se sentirá por dentro alguien que trabaja día tras día para que los demás estén a gusto, y todo se toma como si fuese algo enteramente obvio? Comemos, andamos por habitaciones impolutas, nos ponemos ropa limpia y bien planchada, y cuando algo falta: ¡madre, hazme tal cosa!, ¡madre, dame tal otra! Tener en cuenta todo esto y obrar en consecuencia, ¡eso sí que es comunidad popular! Lo mismo se puede decir de nuestras hermanas que viven en casa. Especialmente a los hermanos se lo digo. Y también de la empleada del hogar se puede decir lo mismo. ¿Has oído alguna vez la expresión «la cara dura del que se deja servir»? Piensa a fondo en esto, por dentro. A quienes se creen mejores que las clases que trabajan con sus manos se les juzga duramente. Igualmente a quienes viven del trabajo ajeno. «Burgueses» se les llama. Pero ¿no hacemos nosotros lo mismo en casa con nuestra madre, con nuestra hermana? ¿Con la empleada del hogar? ¿Quizá sin darnos cuenta, sin querer, pero comportándonos exactamente así? ¿Qué podríamos hacer ahora? ¿Cómo podríamos mostrar que nos tomamos en serio la comunidad popular? Reconociendo el valor del trabajo manual en casa y comprendiéndolo; pidiendo todo por favor; dando las gracias por todo; tratando de quitarles trabajo a los demás; no dando ningún trabajo innecesario; teniendo todo limpio y ordenado... En este terreno habría mucho que hacer. Y es en él donde se decide si eso de la comunidad popular es meramente una arrebatadora consigna, o más bien algo que nos tomamos en serio.

«Ir en serio» no significa pronunciar palabras grandilocuentes y formular exigencias a porfía. Va en serio quien ve las tareas allí donde realmente están: en la vida diaria, en el entorno más cercano; quien aborda con decisión esas tareas y las cumple día tras día.

A decir verdad, ahora habría que seleccionar un objetivo concreto para que supiésemos qué hacer. Pero eso no es fácil. Esta carta puede que sea distinta de las anteriores. En ellas terminábamos diciendo: «¡Por tanto, en el futuro vamos a hacer tal cosa!». En cambio, aquí se trata más bien de rectificar todo nuestro hablar y juzgar; que todo querer y decir sea escueto y cercano a la realidad. Quien actúa así, no da demasiada importancia a estados de ánimo caracterizados por el entusiasmo, sino que presta atención a lo que hace. Ya no va vendiendo grandes reformas, sino que pregunta qué es lo que se puede llevar a cabo realmente. Ya no critica a los demás, sino que primero mira dónde tiene que mejorar él mismo. Cobra desconfianza hacia todas las palabras grandilocuentes, igual que si fuesen billetes de los que no se sabe si son auténticos o no.

Mira, se trata de algo externo, pero nos lo podríamos proponer para empezar seamos parcos en palabras. Hay personas que, cuando algo les gusta, dicen: «Es maravilloso». Si algo no les agrada, es ya «horrible». Cuando algo no es como debiera, hay «ruindad» en juego. Si se trata de una cuestión social, es preciso realizar «profundas transformaciones», etc. Otros dicen meramente: «es bonito»; «no me gusta»; «no está bien»; «esto y esto otro tiene que cambiar». La forma de hablar de los primeros impresiona un tanto. Se dice de ella que es «firmísima», «decidida», y otras cosas parecidas. Pero, sin querer, confiaremos más en los segundos. Notamos que son más de fiar, que se dan cuenta de que cada palabra tiene su peso, y es ese el que le asignan al emplearla. Saben que las palabras tienen su valor, y las utilizan de modo ahorrativo. Tanto más preciosas son y tanta más fuerza tienen después en sus bocas. Y además: hablar y actuar son actos de una misma persona. Quien dice muchas palabras grandilocuentes malgasta su fuerza en ellas, y para el actuar ya no queda nada. En cambio, quien ahorra palabras conserva su fuerza, y cuando llega la hora de actuar está preparado. Así que las palabras grandilocuentes deben hacernos sospechar. Todo lo que suene a exageración: «muy, infinito, terrible, maravilloso, todo, siempre»; que «hay que cambiarlo todo»; que tal cosa o tal otra son «pésimas»; que esto o aquello es «un gran riesgo»; que una institución va «totalmente mal encaminada»... ¡Moneda de dudosa autenticidad! Expresémonos con parquedad. «Sean vuestras palabras sí, sí; no, no», ha dicho el Señor. «Lo que excede de esto, malo es». Esto se puede aplicar también aquí. Escuetos, sinceros, auténticos. Después puede venir detrás la persona entera, la acción rotunda, la lealtad real. Y será una escuela de cómo ir en serio en todo los demás.

Para reflexionar: Responsabilidad y puntualidad. – Responsabilidad y honor del prójimo. – Responsabilidad y guardar secretos. – Veracidad y aplicación de los principios. – Veracidad y cumplimiento de la palabra dada. – Lealtad y contraer deudas. – Comunidad y hacer que los demás trabajen para nosotros. – Fraternidad y disposición a ayudar. – Disposición a ayudar de boquilla o con hechos.

QUINTA CARTA

DE LA ORACIÓN

Muchas necesidades hay actualmente en el mundo. Muchas cosas que antes se alzaban imponentes yacen ahora derribadas por el suelo. Cada uno de nosotros ha perdido algo precioso. A todos nos asedian preocupaciones. Y por muchas cosas difíciles tendremos que pasar todavía. Y, sin embargo, lo que estamos viviendo no es un derrumbamiento general, sino que vamos hacia delante. Aquí es donde se separan los verdaderamente jóvenes de los realmente viejos. Los unos ven solo lo que se viene abajo, y para ellos es el fin. En cambio, los otros dicen: mucho ha de desmoronarse para que haya sitio para lo nuevo, y para que lo nuevo que trata de surgir se temple en la necesidad. ¡Están despertando muchas fuerzas buenas! Están edificando un mundo nuevo, y nadie podrá impedírselo, con solo que se mantengan fieles. Y la más grande de todas esas cosas nuevas es que Dios vuelve a hacerse real para las almas.

Déjame que te cuente cómo estaban las cosas hasta hace no mucho tiempo. Los hombres del siglo pasado, y también de comienzos del presente, eran muy especiales. Casi estoy tentado de decir: estaban encerrados en sí mismos. Metidos en sus casas, fábricas y oficinas, no veían bien, en modo alguno, el mundo que se extendía fuera de ellas. Naturalmente, había excepciones, cada vez más. Pero la mayoría eran como digo. Hacían todo tipo de excursiones, pero no se encontraban a gusto entre árboles y animales, rodeados de campos y de montañas. Eran gente de piso. Un muro se levantaba entre ellos y las cosas vivas y de colores que estaban fuera. Escribían gruesos volúmenes sobre si tan siquiera existe el mundo, o si todo no será apariencia y engaño. ¿No te parece raro que ciertas personas se pongan a pensar si esa gran haya de ahí, con su noble tronco y sus hojas llenas de luz entre dorada y verde, existe realmente? ¿Si son reales cosas como los ríos y el mar? Cuesta auténtico trabajo meterse en sus cabezas. Esos hombres eran capaces de ponerse delante del espejo y preguntarse si existían ellos mismos. No debemos reírnos; iba dolorosamente en serio. Estaban tan metidos en sus conceptos y en sus cuentas que ya no se entendían a ellos mismos ni entendían el mundo. Pensaban que solo existe lo que se puede demostrar. Y resulta que todas esas cosas que decíamos no se pueden demostrar. ¡Se ven! ¡Se sienten con un corazón ardiente! Pero ellos no se atrevían a mirar al mundo con el corazón. Gélido era el ambiente por aquel entonces, y carente de alegría, pese a toda su presuntuosa «cultura».

Igualmente, tampoco había una auténtica comunidad. Los hombres no tenían ningún sentimiento que les rebosase del corazón: ahí está un hombre, tan de carne y hueso y tan vivo como yo mismo. Me alegro de verle ahí. ¡Nos copertenecemos! Antes bien, cada uno estaba metido en su propio yo, como un soldado enviado a un puesto de escucha para espiar los movimientos del enemigo. Algunos querían salir hacia los demás, querían comunidad, pero no podían. Un muro se alzaba entre los hombres. Un poeta de esa época dijo en cierta ocasión que todos estamos condenados a la soledad. Cada uno está recluido en el calabozo de su propio yo; bien es verdad que oye voces procedentes del exterior, pero él no puede salir y dirigirse hacia ellas.

Y si no se fiaban de las cosas y de las personas que se pueden ver y tocar, cuánto menos de las invisibles. A quien deseaba que se le tomase en serio en los círculos científicos, no le era lícito hablar del alma. Como no existía el alma, se hablaba de la «psique». Esa palabra significa en griego exactamente lo mismo, pero con ella se aludía a algo indeterminado y que nadie sabía qué era en realidad. ¡No digamos de Dios! A quien hablaba de Él, y decía que creía en Él, se le miraba con estupor. Y cuánto trabajo le costaba creer a más de un creyente. Lo que muchos entendían por Dios era algo pálido, lejano; en ocasiones, solamente un nombre rodeado de una ligera sensación de solemnidad. En mis primeros semestres en la universidad –era en la de Tubinga– oí una vez a un médico suizo hablar a los estudiantes de Cristo, del Hijo de Dios. ¡Qué ambiente tan extraño había en el aula! La gente estaba allí sentada, y nadie se opuso, pero todos tenían esta sensación: «Ahí delante está una persona seria, que piensa científicamente, y está hablando de Dios. ¿Cómo es posible...?»

Sí, los hombres estaban encerrados en su propio yo. Ya el mundo les parecía dudoso. No lo veían bien, en modo alguno. Se atormentaban con conceptos y cuentas y no notaban qué fuertes eran y qué densidad de ser poseían las cosas que tenían delante. El alma era para ellos una cosa extraña, su propia alma, y más aún la de los demás. ¡Y Dios tan lejano! De esa manera, su vida interior era con frecuencia muy pobre. Muchos no llegaban en absoluto a creer. Para muchos su fe era algo muy difícil, y no podemos menos de admirar con qué valentía luchaban por ella. Pero se cambiaron las tornas. Los primeros comienzos quedan ya muy atrás. Cuando el movimiento juvenil dio sus primeros pasos, en los años noventa; cuando ese movimiento irrumpió, saliendo de la ciudad, en la rica realidad de la naturaleza, esa fue una de las primeras señales que anunciaban la nueva época. A la juventud se le abrieron los ojos: ¡ahí fuera tenemos realidades magníficas! Notaron cómo hablaban el árbol, la montaña y la llanura. Pugnaron por salir de las habitaciones cerradas, de los conceptos y de las palabras; querían volver a las cosas. Querían la realidad con sus duras aristas y su plenitud floreciente. Y las excursiones a pie eran una forma de buscarla. Entonces se les cayeron a los hombres como escamas de los ojos. Volvieron a aprender a ver y a sentir. Se vieron de repente rodeados de un mundo lleno de realidades fuertes. Se había desvanecido, como por efecto de un fuerte viento, toda la cansada duda acerca de si existían esas cosas. Descubrieron el alma, la sentían viva en su pecho. Y si alguien les hubiera dicho que lo que allí dentro, tan profundamente, responde al bramar de la tormenta, que lo que se alza hasta las cumbres de las montañas no es el alma, le habrían mirado como se mira a un loco. Y no fue solo su propia alma lo que descubrieron, sino también la del otro. Caminando juntos, en las trincheras, en el hospital de campaña, en el cautiverio. Y, de golpe, allí estaba la comunidad. Pues comunidad no significa, en modo alguno, que mucha gente se aglomere en un mismo espacio, sino que el alma sabe de otras almas.

¡Y Dios! ¡Naturalmente que existe Dios! ¡Es obvio que existe! ¡Es sencillamente absurdo que ningún Creador haya creado todas esas cosas maravillosas! ¡Que no haya un Viviente infinito, del que toda la vida sea un resplandor; que ninguna Patria eterna esté esperando a nuestra alma; que no haya una comunidad última en la que toda comunidad terrena llegue a su plenitud! ¡Es mucho más difícil creer en serio que Dios no existe que estar convencido de su existencia! Bien es cierto que no se le puede ver, que no se le puede tocar, pero nuestro entendimiento le reconoce sin esfuerzo cuando no está obstaculizado por prejuicios. Basta que nos abramos debidamente para que nuestra naturaleza íntima note que Él existe. Nuestro corazón lo sabe.

La juventud ha mirado el mundo con ojos nuevos y ha partido a su conquista: ha echado a andar. La juventud ha percibido su propia alma, también la de los demás hombres; se ha percatado de que todos nos copertenecemos, y de esa manera ha comenzado a construir comunidad. Igualmente, nota hoy con un corazón nuevo que Dios existe, y se pone en marcha para ganarlo. El hombre vuelve a luchar por Dios, como en otro tiempo Jacob con el ángel, y está firmemente decidido: «No te dejaré ir hasta que me bendigas».

Pero ¿qué quiere decir luchar por Dios, trabajar para llegar a él, llamar, buscar e irrumpir? Muchas modalidades y nombres tiene esa tarea. Uno de ellos es el siguiente: orar. Caminar juntos, comunidad y oración: ¿te das cuenta de cómo esas tres cosas se copertenecen? ¡Se copertenecen de modo inexpresablemente profundo! Pues una y la misma cosa es la que nos empuja a las tres: el amor. El amor nos empuja hacia el gran fuera, amplía el radio de nuestras miradas y de nuestra admiración. El amor nos empuja hacia la otra persona y quiere que «todo sea común». Y el amor último va en pos de aquello que es la plenitud de toda vida, grande, rico y bueno sobre toda ponderación: en pos de Dios. El gusto por caminar juntos procede del amor, la comunidad de un amor más alto. Pero el amor hace acopio de su mejor fuerza cuando se extiende hacia Dios, cuando se convierte en oración. De la oración es de lo que vamos a hablar en esta carta.

Así considerado, orar es en realidad algo obvio, igual que caminar juntos, igual que la comunidad. Pero hay en nosotros cosas reacias a la oración, y es bueno que lo tengamos claro desde el principio. Al orar debemos procurar estar tranquilos y recogidos. Ahora bien, estamos demasiado metidos en el desasosiego, y si salimos de una agitación es para caer en otra. Vivimos rodeados del bullicio de la ciudad, de nuestra profesión. Puede suceder, por ello, que no nos sintamos bien en el silencio de la oración. Que nos parezca que estamos perdiendo el tiempo. No notamos cuántas cosas suceden en realidad cuando la fuerza de Dios afluye a nuestra alma. Apenas hemos empezado, ya estamos deseando dejarlo; nos acordamos de tal cosa o de tal otra, y todas nos parecen especialmente urgentes. Cuando oramos estamos hablando con el Dios silencioso e invisible. Algunos sienten con viveza que Dios está ahí, pero otros no, o solo en voz baja, de modo muy vago. Están acostumbrados a lo perceptible. Cuando hablan con alguien, también quieren verle y oírle; si hacen algo, tiene que ser algo tangible. Esas personas es fácil que al orar tengan la sensación de que están hablando en el vacío, y la oración se les hace muy cuesta arriba. Al orar hay que ir a lo hondo. Pero justo la profundidad es lo que tememos; queremos permanecer en la superficie, ese es el terreno que conocemos, de vivos colores y muy cambiante. En la profundidad reina la seriedad. No sabemos con qué podemos encontrarnos en ella, y el camino que a ella conduce es muy dificultoso. Así que huimos de la oración, preferimos corretear de un lado para otro, hablamos, nos dedicamos a nuestros negocios. A ello se añade otra cosa: en la oración nos acercamos a nosotros mismos. Nos vemos con más claridad; percibimos con más nitidez nuestras múltiples insuficiencias. Por un lado deseamos llegar a la verdad, sin duda, pero por otro hay algo en nosotros que se asusta y retrocede ante la posibilidad de mirarnos a nosotros mismos a los ojos: debilidad, cobardía, culpa. Por otra parte, el alma no siempre está en condiciones de ponerse en tensión. A veces se encuentra cansada, vacía, fría. No siempre la religión le dice algo. En esas ocasiones no sabe para qué orar. Todo le parece anodino o repulsivo. Finalmente, y con ello llegamos a lo más profundo: al orar entramos en el terreno de lo sobrenatural, en el ámbito de la gracia. Y esto es más que aquel sentimiento religioso general de origen natural. Se trata de algo distinto del involuntario barruntar la realidad de Dios del que ya hablamos, y que durante una temporada puede ser más fuerte que en otra, o en algunas personas más nítido que en otras. De lo que aquí se trata es más bien de algo que procede de la Revelación, que tiene su origen en la palabra y el modelo de Cristo, en la gracia. Pero qué extraño: todo nuestro ser está llamando a eso, y sin embargo hay algo en nosotros que se resiste. Notamos a veces el reino de la gracia como algo ajeno y opresivo. Nos parece que deberíamos salir corriendo de él y dirigirnos al bosque frondoso, a la naturaleza viva y llena de fuerza, al trabajo duro, al mundo con toda su grandeza.

Orar es de suyo algo obvio, y sin embargo por otro lado no lo es en modo alguno. El alma puede orar por su propia naturaleza, igual que el pecho respira y el corazón late, y sin embargo se resiste a hacerlo. Así pues, tenemos que aprender a orar. Al principio puede que eso nos parezca todo menos evidente. Pensamos que la buena oración tiene que venir sola, como el manantial brota del seno de la tierra. Creemos que solo lo que surge por sí mismo es bueno, y que todo lo demás es cosa buscada y artificial. Ciertamente, quien está en una relación viva con Dios tiene ya cuanto necesita. Pero muchos querrían orar y no saben bien cómo hacerlo. E incluso a los primeros les vendría bien aprender a practicar con más claridad lo que ya hacen llevados de un impulso interior. Cuánto se esfuerzan los creyentes de religiones paganas con sus ejercicios de oración. Deberíamos avergonzarnos de qué abandonada tenemos a nuestra alma. Somos unos auténticos chapuceros de la oración, confesémonoslo. Y detrás de eso de que la oración tiene que ser natural y espontánea se esconde con frecuencia una buena dosis de pereza. Vamos, pues, a hablar de la oración cotidiana. Quedará así de manifiesto qué quiere decir orar, en cualquiera de sus formas.

La oración de la mañana es una renovación desde Dios. Cuando el hombre despierta del oscuro sueño a la luminosa existencia, sucede algo parecido a lo que pasó cuando el Señor le creó. El sueño le ha reconfortado; con mirada clara pone la vista en Dios y nota qué grande es Él. Renueva su fidelidad al Señor y acomete con un corazón alegre la tarea que le espera esa jornada: «Señor, aquí me tienes. Procedo de Ti; Tú me has creado. Te adoro con toda mi alma. Quiero vivir para cumplir la misión que me has dado. Atraviésame con tu gracia. Me has creado; vuelve a crearme de nuevo. Llama a mis capacidades y ponlas a tu servicio. Haz que sea para bien cuanto yo haga hoy. Concédeme que este día te complazca, para que hoy por la noche se pueda decir de él lo mismo que de cada día de tu creación: "y vio Dios que era bueno"».

El Espíritu Santo que el Señor nos ha enviado es nuestro Maestro, Guía y Amigo: «Espíritu de Jesús, Espíritu ardiente, de la luz y de la alegría, en otro tiempo, el día de Pentecostés, hiciste de los discípulos cristianos. La verdad de Cristo brilló en ellos con toda su luz, el amor de Cristo ardió en sus corazones y con tu fuerza vencieron al mundo. Ven a mí. Haz que mi conciencia sea clara, que vea qué debo hacer, también en la intrincada maraña de la vida diaria. Haz que tenga un corazón magnánimo y fuerte, para ser capaz de construir con alegría la obra de Dios. A Ti se te ha dado el Reino de Cristo. Su verdad Tú la enseñas. Su gracia Tú la dispensas. Sus mandamientos Tú los proclamas. Abre mis ojos para que yo vea al Señor. Haz que yo sepa quién es Jesús y qué quiere de mí».

Busquemos al Salvador con un corazón sincero. Eso es lo decisivo, que se nos abran los ojos para saber quién es Cristo. Que percibamos en nuestro interior: «Ha venido para mí; yo le pertenezco; Él es mi salvación». «Señor Jesucristo, en otro tiempo viniste para llamar a los hombres a que te siguiesen. Sé tan poco de Ti... Comparece en mi alma. Ábreme los ojos para que yo vea quién eres. Abre mis oídos para que tus palabras penetren en mí. Llama a mi corazón para que despierte y te siga. Quiero ser tu discípulo, Señor, llámame. Quiero caminar contigo y trabajar por Ti».

La meta del camino de nuestra vida es el Padre. Todo procede de Él. Todo se dirige a Él. A Él quiere llevarnos el Salvador. «Yo soy el camino», nos dijo, el camino que lleva al Padre, el cual está sentado en su trono en una altura infinita, su poder sobre todo entendimiento, su amor abarcándolo todo. A Él se debe dirigir nuestra vida, igual que durante el viaje la mirada se dirige a la cumbre hacia la que nos encaminamos. En Él está la plenitud última, la paz. «Padre Eterno, todo procede de Ti, todo se dirige hacia Ti. Padre, atrae hacia Ti, hacia tu altura, lo más íntimo de mi corazón, haz que yo supere todo lo que es bajo. Llámame para que yo salga de todo lo pasajero y entre en tu eternidad. En Ti está la luz, la plenitud de la vida y la patria. Padre, todo está en tus manos. En Ti tengo puesta mi confianza. A tu providencia entrego los míos, a ella me entrego yo mismo y mi obra. Rey grande y eterno, hágase tu voluntad. Que tu Reino crezca también a través de mí. Lo que yo soy y hago y lo que me pase será para gloria tuya y para extender tu Reino».

Reza el padrenuestro; pero pensando bien las palabras. Es «la oración dominical, la oración del Señor».

Vamos a honrar a la Santísima Trinidad, al Dios Uno. Es el misterio de los misterios, suma y cifra de toda gloria. «Santísima Trinidad, excedes toda nuestra capacidad de pensar y de concebir. Eres la plenitud de la verdad, el origen del amor, la belleza infinita. ¡Eres la vida, la comunidad, oh bienaventurada Trinidad! Me postro ante Ti. Te adoro. Tuyo es el poder, el honor y la gloria. Amén».

La Iglesia habla constantemente de María, la madre de Nuestro Señor. Ella es en verdad el misterio más sublime de nuestra fe. Virgen, intacta soberana. La madre de la que nos ha nacido el Salvador. La que ha padecido un sufrimiento tan inexpresable y la que comprende todo sufrimiento; la fuerte, la delicada, cuya alma es un abismo de dolor y de amor. ¿Por qué la Iglesia nos remite a ella? ¿Por qué la han amado cuantos han percibido en toda su extensión qué significa ser cristiano? Si llevas a María dentro de ti, ella protegerá lo más profundo de tu alma, aquella cosa última e inexpresable que separa al hombre de todo lo que es bajo. Si le eres fiel, Nuestra Señora protegerá la castidad y la nobleza de tu corazón.

«Te saludo, virgen y madre de mi Señor, con amor y alegría. Eres nuestra en virtud de todo el sufrimiento que has padecido, pues lo sufriste por nuestro Redentor. Eres nuestra en virtud de tu gloria, pues la recibiste por nuestra causa. Y eres nuestra madre porque eres la madre de Jesús, nuestro Señor y hermano divino. Permanece dentro de mí con tu suave claridad, tú que eres la estrella de Dios. Protege mi alma. Hazme caballero de Dios. Hazme esclava de Dios».

Unas palabras ahora sobre el ángel de la guarda. Ha venido desde la eternidad para ti, cuando renaciste como hijo de Dios. Va contigo a través de tu vida, y un día comparecerá contigo ante el tribunal de Dios. No pienses que es un ser débil, tal y como a veces lo muestran determinadas imágenes. Es un espíritu poderoso, puro como el fulgor del sol, invariablemente claro su conocimiento, invencible su voluntad. Es tu compañero invisible, tu conciencia viviente. Pronuncia para que la oigas dentro de tu alma la exigencia de Dios de que llegues a ser lo que Él quiere que seas. «Santo, santo, santo, Señor de los ejércitos»: así invocan los ángeles al Eterno. Y el eco de esa invocación en nuestra conciencia: «Debes llegar a ser santo, hijo de Dios». «Ángel mío, te saludo. Eres mi compañero en el camino que lleva a Dios. Sabes lo que Él exige de mí. Háblame al corazón, amonéstame, llámame».

Y ahora vuelve tu atención al día que tienes ante ti. «Empiezo en nombre de Dios. Estoy dispuesto a todo lo que

Él me exija. Especialmente voy a... (piensa en los propósitos concretos que hayas hecho de cara a la formación de ti mismo). Voy a hacerlo con ánimo alegre, pues es cosa magnífica obrar para Dios. Y confiadamente, pues Él está en mí. Puedo lo que Él quiera. Que me bendiga el Dios todopoderoso, el Padre, el Hijo y el Espíritu Santo». Cuando comiences el día de esa forma, desde Dios, lo estarás haciendo desde la fuente de la fuerza.

El día entero tiene que aspirar a Dios. El primer pensamiento ha de ser para Él, las «primicias de la jornada». No es difícil. Si por la noche dices: «Mañana dedicaré mi primer pensamiento a Dios», será eso lo que suceda. «Para ti el honor y la gloria, Señor». A lo largo del día recógete de cuando en cuando, lee la primera carta otra vez; lo que se dice en ella también se puede aplicar aquí. «¿Qué quiere Dios ahora? ¡De buena gana, Señor! ¡Contigo, para Ti!» Dirígete brevemente a Dios sobre todo antes de empezar tareas de cierta importancia y en los momentos difíciles. Así tendrás una mirada más clara, una voluntad más fuerte, y lo que hagas, de Dios procederá.

Otra cosa importante es la bendición de la mesa. Cuando estemos en casa, seguiremos naturalmente la costumbre que haya. Si nuestros padres no rezan, hagámoslo nosotros en nuestro interior, sin que nadie lo note. No debemos erigirnos en maestros de nadie. ¿Por qué bendecimos la mesa? Vivimos de lo que viene de manos de Dios; antes de las comidas podemos reflexionar especialmente sobre ello. Pues bien es cierto que nuestra madre ha preparado los manjares y nuestro padre los ha ganado, pero en último término provienen de Dios, igual que todo. Por eso, no debemos ponernos a comer sin más, como si fuese un acto trivial y no necesitado de explicación alguna, sino que hemos de recibir los manjares como venidos de su mano. Esto es lo que hacemos cuando bendecimos la mesa. Estamos sentados a la mesa de Dios. Compartimos santamente la mesa con Él.

Antes de comer: «Bendícenos, Señor, a nosotros y a estos dones que por tu bondad vamos a recibir, por Cristo Nuestro Señor». Y tras haber terminado: «Te damos gracias, Señor, por todos los dones que hemos recibido de tu bondad, por Cristo Nuestro Señor. El Rey de la gloria eterna nos haga partícipes de su mesa celestial».

La mañana ha hecho que la vida vuelva a comenzar. Nos hemos levantado del sueño, igual que un día entramos en la existencia de la mano de Dios. Qué bonito es este nuevo comienzo. Por muchas cosas que hayan salido mal el día anterior, empezamos ahora con confianza renovada. Por la noche, las cosas serán distintas.

El día toca a su fin. Pensamos en el acabarse de todo, en la muerte. Y aunque no lo hagamos conscientemente, nuestra alma así lo siente. Se hace el silencio. El hombre se prepara a entrar en el silencio del sueño, igual que un día cerrará los ojos para siempre. Pero el cristiano no debe tener miedo a la muerte. El Salvador la ha vencido. «Muerte, ¿dónde está tu aguijón?». Y con júbilo se nos responde: «¡La muerte ha sido engullida por la victoria!». Gracias a Cristo, la muerte ya no es un final, sino un principio; marcha a casa y consumación. La muerte es la gran examinadora. Lo que de inauténtico había en el hombre no pasa el examen. En cambio, lo que es conforme a su naturaleza esencial sí lo supera. Nuestros antepasados hablaban con frecuencia del sublime «arte de morir». En realidad, era para ellos el sublime arte de vivir. Dominar ese arte quiere decir llevar una vida tal que supere la prueba de la muerte. Llegar a estar tan vivo, conformarnos tanto a la imagen que Dios tiene de nosotros, que ya nada caiga en manos de la muerte. Entonces morir es realmente la puerta que da paso a la consumación. Esa es la razón de que nuestros mayores pensasen con frecuencia en la muerte. La buena muerte era para ellos el criterio de una buena vida. Cuando se hacían a ellos mismos la pregunta: «¿Pasará la prueba de la muerte esto que estoy haciendo ahora?», se estaban sometiendo realmente a un duro examen. La persona ponía entonces todo su empeño y cumplía su tarea con más pureza y sinceridad. La noche es el mejor momento para examinar nuestra vida. La oración de la mañana es comenzar el día con Dios; la oración de la noche es terminarlo con Él. La persona comparece ante Él y contempla el día recién transcurrido a la luz que proviene de Dios. Para ello, lo primero es que pongamos silencio en nuestro interior. Fuera con todos los pensamientos, preocupaciones y planes. En silencio y solos delante de Dios.

«Señor, el día ha terminado. Aquí me tienes». Echa una mirada de conjunto a toda la jornada para ver qué ha traído consigo: cosas corrientes, cosas alegres, cosas duras. «Padre, todo ha venido de tu mano, y por eso todo era bueno. En Ti confío siempre. Y por todo te doy gracias». Tómate esto en serio. En esta confianza y en este agradecimiento debe desembocar todo. Por difícil que haya sido el día, por lleno que haya estado de desengaños y de fracasos. Por preocupante que te parezca el futuro, no dejes que subsista amargura, desconfianza, rebeldía de ninguna clase. Todo ha de desembocar en la confianza y en el agradecimiento. «Y ahora muéstrame, Señor, cuál ha sido el valor de la jornada de hoy a tus ojos». Examina el día: si has sido sincero; si te has esforzado y has intentado tomarte realmente en serio las cosas concretas; si has sido descuidado y perezoso; si tienes algo que reprocharte, sobre todo en lo que se refiere a lo que te hayas propuesto especialmente para ese día. Pon de manifiesto ante tu propia mirada las ocasiones en que tus obras hayan sido injustas: ahí has ido contra Dios, contra el bien. Has enturbiado la comunidad con Él, y has perturbado el Reino de Dios en tu alma. Sepárate con sinceridad de todo ello. «Señor, reconozco que ahí he fallado, que eso no estuvo bien, confieso mi culpa. He actuado contra tu sagrada presencia, contra la sagrada comunidad que existe entre Tú y yo. Me arrepiento. Perdóname. Quiero lo que quieras, sinceramente, pues ahí reside el bien».

Y después confíale todo. Es el Padre. Su providencia lo abarca todo; ni un solo pelo cae de tu cabeza sin que Él sepa por qué. No dudes de su sabiduría. Nosotros no podemos comprender las disposiciones divinas. «Tanto como se eleva el cielo sobre la tierra, así de elevados están también mis pensamientos sobre los vuestros», ha dicho Él mismo. Ten plena confianza en Él, sin reservas. «Padre, a Ti te lo confío todo... mis tareas... mi profesión... mis preocupaciones... todas las personas que tengo cerca...». Dile lo que lleves en el corazón, pues «mucho puede la oración perseverante de quien alberga una intención recta». «Señor, hay tantas necesidades en el mundo. A Ti encomiendo todos los pobres, todos los enfermos y perplejos: todos los que sufren. Atrae a Ti los corazones. Haz que sus ojos se abran a tu verdad. Guía a los que buscan. Lleva a casa a los extraviados. Señor, Tú eres la verdad omnipotente y la sabiduría sin fin, atrae a Ti cuanto esté lejos de Ti. Llévanos a todos cada vez más cerca de Ti. Ábreles los ojos a los hombres para que conozcan la verdad. Enséñales a querer el bien y a luchar por él con alegría. Haz que se vean como hermanos y hermanas. Con nuestras propias fuerzas no podemos obtener la paz. Haz que se implante primero en nuestros corazones, y después podrá unir también a los pueblos entre sí. Reúne a todos los hombres en la unidad de la fe para que haya un solo Reino, una sola comunión de todos en Ti. A Ti encomiendo todos los difuntos. Acógelos en tu paz».

No te olvides de la comunidad en la que tú estés; también ella vive de Dios. «Señor, sé Tú el guía de nuestra vida. Haznos libres del egoísmo, de la arrogancia y de las palabras grandilocuentes. Danos una mirada clara para que veamos qué es lo más importante. Danos una voluntad firme para que podamos llevarlo a la práctica en la vida diaria. Haz que nuestra comunidad lo sea verdaderamente en la lealtad y en la disposición a ayudar. Danos la recta fraternidad. Quita todos los engaños de ella; haz que sea pura y llena de una saludable severidad. Enséñanos a obedecer en libertad a quienes han recibido poder de Ti. Enséñanos a alegrarnos de tu bello mundo, pero a ser austeros y a estar libres de la avaricia y de la sed de placeres. Enséñanos a trabajar con ánimo alegre, pero que tu voluntad nos importe más que toda obra nuestra. Bendícenos, omnipotente Dios, Padre, Hijo y Espíritu Santo».

Todo esto no quiere decir que tengas que hacer exactamente esas mismas cosas. Únicamente aspira a que cobres conciencia de todo lo que puede estar contenido en la oración y a ofrecer un ejemplo de cómo hacerla. Puedes cogerlo todo, o solo una cosa u otra, según mejor corresponda a tu forma de ser. Si prefieres otras oraciones, sigue con ellas, como es natural. En este terreno no es posible establecer norma alguna. Lo único importante es que lo que hagas lo hagas con el espíritu y la actitud correctos. Además, lo que aquí se dice es solamente el comienzo. Si lo aprendemos, se abrirá solo el camino que nos lleve hacia delante. Cuanto más grande se vaya haciendo Dios para nosotros, cuanto mejor aprendamos a someterle todo lo que nos concierna, a meditarlo a la luz que de Él procede, a enjuiciarlo y acometerlo con arreglo a sus criterios, tanto más profundamente penetraremos en el misterio de la oración. Orar significa vivir con Dios. Iremos aprendiendo a hablarle desde lo que nos es más propio. Nuestra oración se irá haciendo cada vez más sencilla, más silenciosa, más profunda e íntima y simultáneamente más rica, y todo nuestro ser fluirá por su cauce.

Vamos a decir algo ahora sobre el arte de orar. Algunos piensan que orar es algo que sale solo, y no quieren saber nada de ejercitarse en este terreno. Pero se engañan. Para orar bien hemos de hacerlo con regularidad. Es decir, no solo cuando el corazón nos impulse a ello. El alma vive de la oración. Pero toda vida exige regla y retorno, exige ritmo. ¿Qué es el ritmo? Significa que algo viene, se va y vuelve otra vez en una secuencia regular. Así es como sale el sol, luego va avanzando el día, después el sol se pone y comienza la noche, y después se vuelve a hacer de día, al que seguirá de nuevo la noche, y así sucesivamente. Ese es el ritmo de la luz. O el que se da en el cambio de las estaciones: los tiempos de florecimiento, de maduración, de recogida de los frutos y de reposo. También en nosotros mismos hay ritmo. Piensa en el latido del corazón, cuando se ensancha y después se encoge. Piensa en los movimientos del pecho al respirar, en qué sucede cuando nos quedamos dormidos y cuando nos despertamos. Ese es nuestro ritmo. Y hay otros ritmos mucho más complejos y maravillosos en la vida del cuerpo y del alma. Precisamente en nuestra época se les presta una especial atención.

Toda vida quiere ese retorno. Necesita cambio para que puedan desarrollar su eficacia sus múltiples capacidades, pues de lo contrario se atrofia. Necesita reglas fiables para no perderse en la inseguridad. El ritmo es cambio y retorno. En él va creciendo la vida. En él va adquiriendo la configuración que le es propia. En él se despliegan el hacer y el crear, también los del alma. Exactamente lo mismo se puede decir del orar. También él necesita ritmo. No podemos abandonarlo a su suerte. Muchos hablan de la libertad creadora del corazón y de que en la vida religiosa no se debe forzar nada, pero en realidad detrás de sus palabras no hay más que pereza y falta de la necesaria autodisciplina. Para orar bien hace falta orden. Por tanto, hay que orar regularmente. Todas las mañanas y todas las noches, en la mesa y a lo largo del día. Ha de ser una costumbre tan arraigada que el alma pueda dar por supuesto que vamos a orar siempre, también cuando no tengamos ganas, también cuando estemos cansados. Puede que en ocasiones eso sea difícil, pero nos hará fuertes como el acero. Nos hará cada vez más independientes de la oscilación de los estados de ánimo. Pero ese hábito no se debe convertir en una coacción que denote estrechez de espíritu. Por la mañana puede que sin culpa nuestra dispongamos de muy poco tiempo; entonces nuestra oración será breve, pero por esa misma razón nos la tomaremos más en serio. Lo mismo si por la noche estamos muy cansados. Pero eso no quiere decir que nos ablandemos y que nos consideremos dispensados de la oración con demasiada facilidad...

También puede suceder que la oración nos resulte sencillamente imposible. A veces estamos como embotados, o intranquilos por dentro, o acabamos de pasar por una experiencia que excedía nuestras fuerzas, hemos sufrido una amarga derrota o nos vemos tan carentes de valor que nos consideramos incapaces de una oración sincera. En esos casos pongámonos en presencia de Dios y digámosle: «No puedo, ¡bien lo sabes!». Y si tampoco esto resulta, conformémonos con reconocer que en ese momento deberíamos estar orando. Permanezcamos un ratito delante de Dios, en silencio tanto interior como exterior. Y entonces: «Quiero avanzar. Mañana vuelvo». También eso es oración.

Además, la Sagrada Escritura nos amonesta: «Cuando reces, prepara tu corazón y no seas como un hombre que tienta a Dios». Esto es importante. Se puede decir sencillamente que la oración será como haya sido su preparación. Sobre todo, no empieces sin más. Cuando quieres escribir algo, no te pones a ello directamente, sino que primero te recoges. ¿Y la oración va a partir de cero, así sin más? ¿En qué estado interior llegas a ella? ¿Agitado, quizá enfadado, con mil pensamientos en la cabeza, dando vueltas en tu interior a los planes y preocupaciones del día siguiente? ¿Puedes orar así? Busca la actitud adecuada, procura tranquilizarte del todo por dentro. Estás en tensión, agitado, pero puedes superarlo y tranquilizarte. Nuestro desasosiego interior nos lleva a querer emprender constantemente nuevas actividades. Dite a ti mismo: «Ahora me voy a quedar aquí. Con toda mi atención. Quiero poner los cinco sentidos. Dios está presente aquí; el Dios vivo, grande y bondadoso. Me está oyendo, me está viendo. Quiero estar a su lado. Que todos mis pensamientos giren alrededor de Él»... En ese momento sí que puedes empezar. Haz ahora la señal de la cruz, despacio, con la mano y pensando en lo que haces; una señal de la cruz grande, de la frente al pecho, de hombro a hombro. Nos ayuda a recogernos y nos santifica... Mantén ese recogimiento. Ora con unción. No necesariamente mucho tiempo. «La oración sea breve y pura», dejó dicho San Benito en su Regla. «Breve», es decir, tanto tiempo como el que, presupuesta la buena voluntad, puedas orar «realmente» con unción. Y «pura» significa: orar como es debido, de todo corazón. Para ello has de tener en cuenta el sentido de las palabras; poner en ellas lo más íntimo de ti. Si te distraes, deténte un momento y vuelve a recogerte...

Y cuando acabes, no te marches enseguida. Después de hablar de un asunto importante con un amigo, no te arrojas sin más al asunto siguiente. Eso sería una señal de que lo tratado con él no te afectaba íntimamente. Casi sin querer permaneces en silencio durante unos momentos, reflexionas, dejas que se apague la resonancia. Así también en la oración. Has estado hablando con Dios, por lo tanto sigue un rato en esa actitud y deja que se extinga ese eco. Después, levántate, y manos a la obra...

Quizá piense alguien que todo eso lleva demasiado tiempo. Pero ¿cuánto tiempo al día malgasta esa misma persona en conversaciones vanas? ¿Cuánto invierte en corretear de aquí para allí? ¿Cuánto desperdicia leyendo cosas sin valor? ¿Y quiere ahorrar minutos precisamente cuando de lo que se trata es de hablar con Dios de la manera adecuada? Que se levante más temprano, y entonces tendrá tiempo de sobra...

Presta atención también a lo exterior. Si alguien antes de ponerse a orar echase una mirada rápida a su aspecto externo para ver si es el adecuado y, si fuese necesario, se lavase las manos, ¿sería eso algo meramente accesorio? ¡Sería una señal de que tiene respeto por Dios! Y no digas: «Vamos a orar con el espíritu y en la verdad. ¿Qué importa que lo hagamos con las manos sin lavar y los zapatos sucios?». Somos personas humanas, cuerpo y alma. No cabe duda de que cuando nos acercamos interiormente a Dios lo externo desaparece de nuestro campo visual. No cabe duda de que nunca se debe dar un valor demasiado grande a lo externo. Y ningún valor tiene cuando lleva a descuidar lo interior. Pero esas dos esferas guardan una estrecha relación entre sí. Si somos desordenados por fuera, ese desorden se reflejará también en el alma. El esfuerzo por recogernos exteriormente es señal de una actitud reverente interna, y actúa hacia dentro. «Tengamos ante Dios una actitud que guarde correspondencia con nuestras palabras», dice un maestro de la oración, San Benito. Él conocía a las personas. Cuando te pongas delante de Dios, procura ir limpio y como es debido...

Después: no te sientes, ni menos te tumbes, a no ser que estés enfermo. Es cierto que se puede orar en cualquier posición, pero cada una de ellas influye sobre el alma. La laxitud del cuerpo será fácil que afecte también al alma. Permanezcamos de rodillas o de pie. Al arrodillarnos expresamos humildad y reverencia ante el Dios infinito. Renunciamos al tamaño seguro de sí mismo de nuestra figura. Estar de pie expresa disposición alegre y animosa. A los primeros cristianos les gustaba orar de pie. Las dos cosas son bonitas... También debes mantener rectas las manos. Después del rostro, las manos son la parte más espiritual de nuestro cuerpo. El alma habla directamente a través de ellas, de su conformación fina y sin embargo recia, de sus movimientos tan expresivos. Cuando las manos nos cuelgan flácidas, es probable que también nuestro espíritu esté flácido. Cuando las juntamos con dejadez, mostramos que no nos va nada en la oración. Mantengámoslas rectas. Las manos tienen su propio lenguaje. Trata de introducirte en él...

Persígnate bien. Es la señal de la salvación. Te abarca por entero, de la frente al pecho, de hombro a hombro. Consagra y recoge. Haz una señal de la cruz grande, y hazla despacio y pensando en lo que haces. Notarás entonces qué fuerza encierra.

Puede que todo esto te parezca un poco agobiante. Pero cuando te hayas ejercitado un cierto tiempo en estas cosas, no podrás dejar de prestarles atención. No en vano son, en el fondo, meras obviedades.

Para terminar, unas palabras sobre las oraciones vocales y los devocionarios. A este respecto no se puede dar norma alguna. Toma lo que mejor se acomode a tu forma de ser. Si no necesitas oraciones acuñadas previamente, déjalas estar. Si te vienen bien, utilízalas. Bien es verdad que algunas las necesitamos todos, por ejemplo, el padrenuestro. Por lo demás, lo único importante es que nuestro orar sea puro. Que podamos expresar con sinceridad lo que digamos. Al orar no necesitamos «experimentar» nada, pero sí que tenemos que meternos en la oración por entero y con toda sinceridad. Por otra parte, tampoco debemos olvidar que las buenas oraciones vocales tienen una importante tarea, la de ir educándonos interiormente. Proceden de la palabra de Dios, o de hombres santos. Cuando las pronunciamos, nuestra alma se impregna del espíritu que las anima. De esa manera van configurando nuestra mente y nuestro lenguaje, nuestra forma de pensar y toda nuestra actitud interior. Quizá sea una necedad decir que no las necesitamos. Un día los discípulos se acercaron al Señor y le pidieron: «Señor, enséñanos a orar», y Él les enseñó el padrenuestro. Así, también nosotros necesitamos una doctrina de la oración, y esa doctrina está en las recias oraciones que conocemos desde nuestra infancia. La oración dominical se cuenta entre ellas, el Ángelus, el Credo, los «actos de fe, esperanza y caridad», el *Magnificat*, el Gloria de la Santa Misa, y otras más. También muchas canciones del Libro de cánticos son una forma muy pura de oración. Lo bonito que tienen es que siempre se pueden elegir las que correspondan al tiempo litúrgico en que estemos en cada momento. De esa manera, la oración adquiere una rica variedad, pues así vamos siguiendo el desarrollo del año litúrgico. De los devocionarios se puede decir lo mismo. Algunas oraciones que contienen son tan dulzonas y exageradas que no nos servirán de nada. Pero otras son muy buenas, y pueden llegar a ser para nosotros una auténtica escuela de oración.

Al considerar todo esto, cobramos conciencia de qué cosa tan elevada es la oración. «Obra de Dios» la llamó San Benito. En ella acontecen verdaderamente obras de Dios. Su gracia afluye al alma, la hace clara, de buena voluntad, y la fortalece en lo que le es esencial. Y la oración tiene un gran poder. De él ya no podemos hablar aquí, tenemos que acabar. Pero qué se haga de una vida dependerá en buena medida de cómo rece la persona en cuestión, y de cómo recen otras por ella. Las obras grandes se apoyan siempre en la oración.

SEXTA CARTA

DEL VARÓN CABALLEROSO

Buscamos y queremos algo grande y nuevo: el hombre nuevo. Pero la idea del hombre nuevo todavía no lo dice todo; queremos el varón nuevo y la mujer nueva. Para llegar ahí tiene que ponerse en camino el hombre joven mismo, el muchacho por su cuenta y la muchacha por la suya. Cada uno de ellos tiene que aplicar el oído a su propia naturaleza enteramente solo, sin influencia externa alguna.

En lo que respecta al muchacho, vamos a empezar por algo muy importante: el juego caballeroso. Es totalmente distinto del «deporte». Esta última palabra va entre comillas. Me refiero con ella a esa cosa desagradable que se está extendiendo en campos de deportes y en clubes, en partidos y entrenamientos *(trainings)*, que aparece por todas partes en los periódicos deportivos en forma de un cierto lenguaje y en rostros concretos, en el entusiasmo cuando se gana un campeonato y en muchas cosas más. Ese «deporte» significa «batir récords», ser el primero en algún terreno, junto con toda la ambición, las rivalidades y la exterioridad que eso lleva consigo. El deporte implica el «*training*» –innecesario anglicismo, dicho sea de paso– para alcanzar un rendimiento específico, para llegar «a lo más alto». Pero con eso la persona dotada de una buena constitución física se convierte en una máquina. ¡Qué desagradable es una criatura del deporte como esa, que no sabe de otra cosa que no sea fútbol, motos, tenis o la especialidad que sea! ¡Qué fácil que se atrofie lo que sin embargo es lo principal: la persona! El juego auténtico tiene de antemano una actitud noble, es otra cosa.

El buen jugador desea vencer al contrario. Pero al mismo tiempo se siente en comunidad con él y desea levantar con él una obra fuerte, bella, seria y al mismo tiempo alegre, a saber, el juego mismo. Más importante que ganar es que el juego sea bonito. Cuando a los movimientos de un contrincante les responden los del otro, lanzamiento contra lanzamiento, carrera contra carrera, ataque y defensa, todo bien trenzado, se percibe en mitad de la lucha una unidad fuerte y magnífica. Y esa unidad es más importante que el hecho de que uno gane «brillantemente». El buen jugador desea la victoria plena, qué duda cabe. Pero esa victoria hay que obtenerla con nobleza, y de lo contrario queda manchada. Afirmar: «No me has dado», cuando en realidad nos ha rozado ligeramente; dar un empujoncito a la bola sin que se note para que llegue rodando un poco más allá de donde se habría parado de suyo, etc.: así se obtiene quizá la «victoria», ¡pero qué victoria! Cuánto más bella no es una partida perdida, pero jugada limpiamente. El buen jugador desea alcanzar el mayor rendimiento posible, qué duda cabe. Pero ese rendimiento debe ser bello, debe ser fuerza dominada hasta convertirse en gracia. La persona no debe quedarse poco menos que lisiada a consecuencia de ello, sino que ha de llegar a ser robusta y libre, y todas sus fuerzas y capacidades han de crecer juntas y en equilibrio.

De esta manera, el auténtico juego se convierte en una

escuela de noble «virtud», tomando la palabra en el antiguo sentido que tenía entre los griegos y entre los caballeros de la Edad Media. Y, por cierto, las que en él se ejercitan son precisamente las grandes virtudes del varón perfecto. Ante todo, ha de tratarse de «un juego». Es decir: que no intervenga en él interés alguno. Lo único que cuenta es la fuerza, la belleza, el honor. Así pues, una mentalidad libre y caballerosa. Pero es cosa seria, no se trata meramente de jugar por pasar el rato. Se empeña aquí lo mejor que posee el varón: carácter y nobleza. El buen jugador quiere ganar, a todo trance, por mucho que el poder del contrincante exceda el suyo. No tiene miedo. Mantiene el puesto hasta el final, y con frecuencia la audacia en el ataque logra contrapesar el poder superior del contrincante. No entiende de lamentaciones. Dolor, cansancio: los vence. Su voluntad es tenaz hasta la victoria. Pero desprecia toda victoria obtenida con astucia, violencia o cualquier otra falta de nobleza. De lo que se trata es de mantenerse en su puesto con los sentidos despiertos, firme, atento, de intervenir con decisión en el fugaz instante y de hacer en cada momento lo que haya que hacer: presencia de ánimo y resolución.

El jugador lucha con fuerza, pero desprecia los gritos, el estrépito, lo brutal o basto. En todo ha de reinar la belleza: la voz pausada, los movimientos acompasados. Hay que cumplir las reglas. No porque de lo contrario el árbitro hará sonar su silbato, sino porque las reglas dan a la lucha el rigor que le es propio. Y ha de ser una lucha noble, no una riña callejera. El buen jugador no fuerza ningún ejercicio corporal hasta el extremo a fin de batir algún récord. Más bien practica diversas especialidades para estar formado en todas las facetas, para llegar a ser un «atleta completo» tal y como querían los griegos de la Antigüedad.

De esta manera, en el auténtico juego despiertan las nobles virtudes del varón: un carácter libre, que sabe que hay cosas más elevadas que el interés y la utilidad, a saber, la belleza y el honor. Valentía que no teme a poder superior alguno. Reciedumbre que no deja que los demás noten nada, tampoco cuando una pelota desviada nos golpea duramente en las costillas. Presencia de ánimo y capacidad de tomar decisiones rápidas. Nobleza, que lleva a dejar el juego tan pronto se nota que el adversario es inexperto. Honradez incondicionada, también cuando el contrario no está atento. Sentido de la justicia, que tras la derrota no disputa ni quiere tener razón, sino que reconoce que ha vencido quien realmente lo haya hecho. Que es capaz de estrechar la mano del contrario sin envidia y de decirle: «Has estado realmente bien». ¿No es esto magnífico?

¡Con todo lo anterior no quiero decir nada, puedes creerme, contra una buena pelea! Todo muchacho que sea como es debido sabrá reconocer el valor que tiene. Y es que a veces notamos en nuestro interior que es sencillamente necesaria, y cuanto más enconada sea, tanto mejor, al menos mientras las ventanas y el mobiliario permanezcan intactos. Pero no debe ser la regla general, y los grupos en los que todo acaba fácilmente a mamporros son cosa harto cuestionable, por mucho que se las den de divertidos.

Quizá diga alguien: «¡Pero si todo esto es precisamente el deporte auténtico!, ¡el auténtico deportista piensa exactamente así!». Puede que tenga razón. (No vamos a entrar aquí en las diferencias que existen entre ambos en lo tocante a espíritu y actitud.) Si es así realmente, entonces sobran las comillas, y el deporte se ha convertido en un auténtico juego.

Tenemos que practicar el juego caballeroso: juegos con balón o pelotas de todo tipo, lanzamiento de bumerán, jabalina o disco, tiro con arco, carrera y salto (salto como es debido, tanto con pértiga como sin ella), las distintas competiciones de carrera y lucha, juegos de orientación, etc.

Tampoco debemos olvidar otro tipo más de juego caballeroso: el intelectual. Es decir, sobre todo el ajedrez, pero también otros juegos de tablero, como las damas y otros muchos. También el dominó tiene sitio aquí, naturalmente el bien jugado, en el que no se van poniendo fichas sobre la mesa sin pensar, sino que se tiene constantemente en la cabeza la marcha de la partida y se prevén las jugadas del contrario. Todos estos son juegos caballerosos. En ellos, especialmente en los juegos de tablero, lo importante no es la suerte y la casualidad, sino la lucha intelectual, la clara visión de conjunto, la planificación inteligente y la tenacidad en su desarrollo. Al mismo tiempo se aprecia en ellos si se tiene la capacidad de ver lejos y un espíritu noble. Sin olvidar los desafíos que plantean los juegos en los que hay que solucionar constantemente situaciones y dificultades nuevas con claridad y belleza semejantes a las de una buena estrategia militar. Todos esos juegos, tanto físicos como intelectuales, nos enfrentan además a otra tarea: hacernos nosotros mismos con el equipamiento necesario. Por ejemplo, arco y flechas, palos y estandartes, etc. También para los juegos de tablero. Una bonita labor para las noches de invierno: hacer tableros de juego bonitos, con casillas pirograbadas, o recortadas en plástico, o trabajadas en marquetería; tallar o modelar figuras, de madera o de barro; recortar las fichas o hacerlas de madera, plástico o chapa. Ahí podemos desarrollar no poco nuestra habilidad manual.

Del espíritu del varón perfecto, que es vertical, fuerte y puro, abnegado y noble, fiable, serio y alegre al mismo tiempo, tiene que derivarse también una conciencia de nobleza. Pues ¿qué significa eso de ser noble? Asumir más responsabilidad que otros. Significa saber que se existe para el honor. Que uno está en su lugar propio allí donde se dé el mayor peligro. Que en el fondo solamente hay un enemigo: lo vulgar. Y, por cierto, es verdaderamente noble la persona que hace todo esto no solo tras una fatigosa reflexión y después de habérselo propuesto expresamente, sino aquella para la que ha llegado a ser carne de su carne, de manera que aunque quisiese ya no podría obrar de otro modo.

Y ahora voy a seguir desarrollando estas ideas. Hemos hablado del juego caballeroso, pero ese juego guarda un profundo parentesco con el segundo ámbito vital del varón, el servicio caballeroso. Quien sirve, está diciendo: no existo para mi comodidad, sino para una persona, para una causa o para una tarea. Y aquí se separan los caminos: servicio lacayuno o servicio caballeroso. El lacayo sirve porque quiere la paga, o porque no le queda más remedio. El caballero sirve porque lo hace a una gran causa, independientemente de cualquier ventaja o finalidad ulterior. Que la causa venza, eso es lo que quiere. No sirve porque se vea forzado a hacerlo, sino que se entrega libremente. Servicio caballeroso es dar la cara por una persona a la que hemos prometido nuestra lealtad. Sobre todo por el amigo; después por todo el que confíe en nosotros. Ser callado y de fiar, y estar dispuesto a ayudar.

Servicio caballeroso lo adeuda todo varón a la muchacha, a la mujer. Este servicio no lo presta quien revolotea mucho alrededor de ellas, sino quien sabe cuándo es el momento para estar juntos y cuándo para estar separados. No quien cuenta a la muchacha todas las dificultades posibles y de esa manera hace que ella cargue, además de con las suyas propias, también con las de él, sino quien sabe pechar con sus propias responsabilidades. Presta servicio caballeroso quien guarda frente a la muchacha una severa contención, y si nota que ella se deja ir entonces se contiene el doble: por sí y por ella. Y después, por supuesto, ayuda siempre que haga falta; quita trabajo; ahorra esfuerzos. ¡Pero qué vamos a decir a este respecto cuando vemos la comodidad y falta de escrúpulos, una vez y otra, y en las ocasiones más incomprensibles! Es siempre lo mismo: ¡palabras – ir en serio!...

Servicio caballeroso lo adeuda el varón a los débiles. Les protege de la necesidad y de los peligros externos; protege su honor y su buen nombre. El hombre caballeroso se pone casi instintivamente del lado de los amenazados, de los más débiles, de los sometidos. Esto le distingue de las personas que van a lo suyo. Del servicio caballeroso más noble es acreedor lo santo, es decir, Dios y su Reino. Al igual que en otro tiempo los cruzados luchaban por Cristo. No con las armas, pero sí con las palabras y con las obras; en la vida pública y en casa; frente a los indiferentes, a los burlones y a los enemigos. Por así decir, Dios ha puesto su honra en nuestras manos. Tenemos que protegerla. Ese servicio caballeroso nos exige mucho: que nos identifiquemos totalmente con la causa y que nunca la neguemos. Que demos la cara por ella, también aunque haya muchos contrarios y sean muchos los inconvenientes. Y que lo hagamos libre y alegremente. Quien está en una relación de servicio caballeroso tiene que vivir de manera digna de él. El servicio caballeroso es duro. Nos están vedadas muchas cosas que en otra situación sí podríamos permitirnos. «Nobleza obliga», reza un dicho que también se puede aplicar aquí.

Una tercera cosa forma parte del talante varonil: la obra. Existe una gran diferencia entre «obra» y «operación». Meramente operar es algo que hace también el siervo. Una obra solo puede hacerla el libre. Pero todos estamos ante la elección de si queremos ser siervos o libres. Todo acto nuestro puede ser una obra o una mera operación. Ya se trate de los deberes escolares o de una tarea del hogar, del arreglo de un enser doméstico o del servicio que presta un funcionario: será obra si lo hacemos por él mismo, tal y como lo exige su propia naturaleza. Será operación si lo hacemos porque no hay más remedio, o meramente por dinero. Por ejemplo, un arquitecto puede construir una casa solo para ganar el máximo dinero posible; entonces ha actuado con vistas al beneficio material, y todo se queda en una mera operación. O bien levanta la casa por ella misma, tal y como hay que hacerlo aquí, en este lugar, con estos recursos, para estas personas; tal y como se ha manifestado a su mirada interior, con cuidado, autenticidad y belleza. Entonces estamos ante una obra. Como es natural, el arquitecto tiene que contar con lo que haya; también ha de sacar algún beneficio, pues tiene que vivir. Pero que construya la casa solo para obtener ese beneficio material, o que la construya por la casa misma, son dos cosas muy distintas. Y lo mismo pasa con todo. Un trabajo escrito puede ser mera operación cuando se redacta solo para el profesor o por la nota. Ahí la libertad brilla por su ausencia. Pero también puede que se haga por él mismo, porque su propia naturaleza está pidiendo que se haga así, y entonces es servicio libre a la cosa, es una obra. Algo se convierte en una obra siempre que escuchamos con oído atento cómo esa cosa misma quiere ser hecha, qué es lo que exige su naturaleza propia, y la hacemos efectivamente dando cumplimiento a esa exigencia.

Esto no significa que tengamos que andar dando vueltas por ahí como soñadores poco prácticos. No significa que solamente debamos tener ojos para lo bello e ideal y que nos olvidemos de calcular, que debamos ser nobles y por serlo nos dejemos pisar por todos, o que de pura nobleza de espíritu no exijamos nuestros derechos. Todo eso no sería caballerosidad, sino debilidad. Sucede sencillamente que no vivimos en un mundo ideal, sino en uno muy duro, y con frecuencia rodeados de personas completamente carentes de escrúpulos y que van a lo suyo pasando por encima de lo que haga falta. Y una de las más importantes decisiones para la juventud es si los jóvenes se van a convertir en meros soñadores, o por el contrario tendrán la fuerza suficiente para abrirse camino en el mundo de lo real. Para ello hace falta también que en la vida profesional sepan hacer sus cálculos, que conserven las ventajas merecidas, que exijan sus derechos y que, llegado el caso en que sea necesario, sepan enseñar los dientes.

Estos son los tres grandes reinos del varón: la obra, el servicio y el juego. No se los puede separar unos de otros, sino que se copertenecen. Los tres están caracterizados por la libertad interior, de modo que el varón no debe cultivarlos forzado, sino porque se identifica con ellos siguiendo un impulso interno. Implican la nobleza de quien se sabe obligado también donde no acompaña ventaja alguna. Y los tres, juego, servicio y obra, requieren firmeza. Para poder hacer una obra recta, para servir rectamente y para jugar rectamente hay que ser ni más ni menos que todo un hombre. Es decir: hay que estar bien asentado en uno mismo y permanecer firme frente a todo lo confuso, con mirada clara, voluntad imperturbable y corazón libre. En la obra, el varón perfecto levanta su edificio, fuerte y bien construido. En el servicio da la cara por la causa que defiende, por las personas, por sus convicciones, valiente y abnegadamente. Ahora bien, es frecuente que la obra y el servicio comporten desagradables pugnas con gentes de baja estofa. De toda esa presión se libera el varón en el juego. En el auténtico juego descansa de la dura necesidad de la obra y del servicio.

Estar con firmeza detrás de la causa que defiende, seguir su camino bien erguido: tal es el estilo del varón perfecto. Para ello quiere tener libertad de movimientos, y sabe conseguirla cuando no se le da voluntariamente. Dios le ha hecho así, de modo que tiene derecho a ser así. Esto no significa que deba creerse especial, o que no vea sus propios errores. Lo que quiere es ser, no parecer; tener virtudes reales, y no hacer como si las tuviese. Por tanto, mira con mucha atención a su interior. Sabe exactamente qué puede esperar de sí mismo; conoce sus buenas cualidades, pero sabe también que esas mismas capacidades siempre son a la vez fuente de defectos, y se esfuerza en superarlos. Pero afirma su naturaleza propia y exige espacio para desarrollarla. Y se abre paso, sin violencia, pero resueltamente; sin ser injusto con otros, pero sin desviarse del camino prefijado: todo esto forma parte del talante auténticamente varonil.

Llegamos así a algo importante: ¡también existen otras

personas! Fr. W. Förster dijo que el alfa y el omega de toda educación cívica consiste en comprender esta verdad, tan obvia pero sin embargo tan difícil: «No existo solamente yo; también existen los demás». Pues bien, es propio del varón perfecto que no le dé miedo el hecho de que «también existen los demás». No se pone nervioso cuando otros ven la misma cosa de otra manera. No mide a todos por el mismo rasero, ni cree que tendrían que pensar igual que él. Eso es lo que hacen las viejas solteronas: «En mi época, esto no se hacía así...». En cambio, un varón perfecto respeta a todos. Piensa: «Tú eres distinto. ¡Sigue siendo así! Tienes todo el derecho del mundo». En este saber estar uno junto a otro con tranquilidad y amplitud de corazón se muestra la fuerza. Quien no deja ser a otros, es un débil. Pues si estuviese seguro de sí mismo, se mantendría tranquilo junto a ellos y ni se le ocurriría pensar que tienen que ser como él. El varón perfecto se alegra siempre que encuentra una persona de una pieza, por muy diferente que sea de él mismo. Tan pronto nota que está ante alguien de personalidad enteriza y dotado de un centro interior, le mira con agrado.

De esa actitud interior procede una importante obra de varón: la comunidad. Quien no reconoce a quienes son distintos de él solo puede elegir entre estas tres cosas: o los oprime y los convierte en siervos, o él mismo se somete a ellos y se convierte en vasallo suyo, o bien se amarga y se hace a un lado, donde permanece inactivo e insultándolos. Ninguna de esas actitudes es digna de un varón. La primera es violencia, la segunda servilismo, la tercera fracaso. El verdadero estilo propio de un varón exige ser libre uno mismo y relacionarse con personas libres, ser justo y respetuoso con los demás.

De ahí procede la auténtica comunidad dotada de fuerza creativa. Dos o más tienen un campo de aficiones o de intereses comunes; cada uno reconoce el valor de los puntos de vista de los demás; buscan un equilibrio razonable entre las distintas opiniones; se reparten las tareas; nombran un jefe. A continuación cada uno hace lo que le corresponde, y sin embargo se sabe unido a los demás. Así, de la libre comunidad creativa surge la obra libremente creada. Nunca aparece una obra verdaderamente grande cuando el varón no se autoimpone una férrea disciplina, cuando no sabe coordinar su opinión con las demás ni subordinarse a quien tenga el mando. Bien es cierto que con la coacción y la esclavitud se han obtenido en la historia resultados de apreciable importancia; ahí tenemos las pirámides, que todavía hoy siguen en pie. Pero quien tuviese ojos para ver se estremecería al considerar con cuánta sangre, cuánta desesperación y cuánta violencia que clama a Dios se han levantado sus muros. Más de una obra de nuestros días es, al igual que ellas, un horror a los ojos de Dios. Grande es solo lo que es grande ante su mirada. Y su juicio vendrá un día no solo sobre los hombres, sino también sobre sus obras, tanto si forman parte de la ciencia como si pertenecen al arte, a la industria, al comercio o a lo que sea. A los ojos de Dios es grande solamente lo que procede de la justicia y de la actitud reverente ante el ser que está hecho a imagen y semejanza de Dios: el hombre. La verdadera fuerza viril no está en el puño, sino en el carácter. Y quien usa la violencia para atentar contra la justicia, no es solo un criminal, sino en el fondo también un débil, por mucho que se las dé de fuerte. Aquí está también la raíz de la verdadera política. No es el atrevimiento lo que cuenta en ella, no las grandes palabras y las frases con efecto, tampoco la agitación y el bullicio de las asambleas, la crítica grandilocuente o las exigencias imposibles de cumplir. La política es rigor y severidad, ante todo con uno mismo. Es el difícil arte de trabajar por el bien de todos con resolución y tenacidad, pero al mismo tiempo con respeto por las convicciones ajenas. La política es el arte de detectar todas las capacidades vitales allí donde se encuentren y de sumarlas. El arte de reunir a personas libres en una comunidad libre, de tender puentes entre posiciones contrarias, de hacer que lleguen a formar una gran unidad tesis y puntos de vista diferentes: sin herir la verdad, por supuesto. ¡Justo ahí reside la tarea política! Pues imponer mediante la violencia una opinión unilateral es algo tan carente de valor como establecer una unidad aparente mediante la falta de carácter y la astucia. Lo que se exige del verdadero político es algo mucho más grande, pero también mucho más difícil. Solo gracias a bóvedas que se apoyan unas en otras se alza la catedral. Del mismo modo, el gran edificio de la comunidad estatal no puede construirse apoyándolo en una sola opinión o corriente, sino mediante la cooperación y la labor creadora común. La política es una actitud. A saber, esta: contemplar el objetivo no desde la propia limitación, sino desde el punto de vista del todo. Tener convicciones firmes, pero al mismo tiempo aprender de todos. Seguir el propio camino sin torcerse, pero con respeto por las opiniones ajenas. Permanecer fiel a uno mismo, y sin embargo al mismo tiempo crear junto con los demás.

Pero ¿qué hacer cuando estamos convencidos de que el otro no tiene razón? ¿Cuando hemos intentado explicárselo y él no lo ve? En ese caso no nos queda otra solución que la lucha. Pero el varón perfecto lucha con armas limpias. No hace menos al contrario, no le calumnia, no le denigra, sino que le respeta. Incluso se alegra de tener un contrario que sea también un caballero. En esos casos, las fuerzas se miden con dureza. Alguien ha dicho que debemos hablar no solo de quién es nuestro mejor amigo, sino también de quién es nuestro mejor enemigo. Será el que luche con tanta decisión que nos obligue a emplear todas nuestras fuerzas. Que nos lleve a repensar cada vez con más profundidad nuestras propias opiniones para que puedan superar esa prueba; que nos exija una vigilancia incansable; que nos haga salir bruscamente de toda seguridad perezosa y nos coloque allí donde el varón está en su sitio: en la lucha. Poder alegrarnos del contrario que tenemos mientras entrechocan nuestras espadas: esta será una demostración magnífica de que poseemos verdadera fuerza viril. Lee al final del *Cantar de Waltharius** cómo los caballeros que acaban de enfrentarse a vida o muerte, Walther, Hagen y Günther, se sientan juntos e intercambian bromas, cada uno de ellos con el sentimiento lleno de orgullo de haber tenido delante un hombre de una pieza. Mala cosa que tanto en la vida pública como en la privada se perciba tan poco de una actitud como esa.

Y ahora profundicemos un poco más, vayamos allí donde se decide si somos o no varones perfectos. Ciertamente, lo que sigue no se va a entender sin más. Todos los descubrimientos tienen su momento; también este. Un buen día llega el momento, quizá alrededor de los treinta –puede que suceda antes, o quizá después–, en el que se nos abren los ojos. Miramos a nuestro alrededor y vemos que estamos solos. No solos exteriormente, pues podemos estar rodeados de personas que

* Cantar de gesta alemán, compuesto probablemente en el siglo X.

nos sean fieles, sino interiormente. Solos con nuestra propia forma de ser, con nuestro propio destino, con nuestra propia misión. ¿Cómo podría explicarlo? Mira, en nuestros años mozos creemos estar perfectamente compenetrados con otras personas. Ciertamente pasamos también temporadas en las que nos sentimos incomprendidos, pero la verdadera soledad no viene hasta más tarde, hasta que nos hacemos totalmente conscientes de nosotros mismos. Es entonces cuando nos damos cuenta: «Yo soy así. Y los demás son de otra manera. Muchos no me entienden nada; otros solo a medias. Muy pocos calan hasta el fondo. Y no puede ser de otro modo». Por ese conocimiento hay que pasar ineludiblemente, y no se le puede quitar ni una tilde. Vemos cómo los demás nos malinterpretan o nos rechazan, y sin embargo tenemos que permanecer entre ellos. Entonces es cuando viene la soledad real, y entonces se decide si somos capaces de permanecer firmes siendo quienes somos, o si por el contrario salimos corriendo de nosotros mismos. Pero ¿es que se puede salir corriendo de uno mismo? ¡Ya lo creo! Nos enfrentamos a la gran tentación de querer ser como todos los demás para que nos reconozcan como uno de ellos. De considerar bonito lo mismo que ellos consideran bonito, y feo lo que ellos consideran feo. De buscar y encontrar con ellos. La tentación de ajustarnos al patrón que nos marcan. Debemos aprender de los demás, debemos ensanchar nuestro campo visual y superar la unilateralidad de nuestra forma de ser en la convivencia con ellos. Nada es más penoso que ver a alguien que se considera especial y que cree que no tiene nada que aprender. Pero son cosas muy distintas mantenernos adheridos a nuestra forma de ser y liberarla solamente de unilateralidades y errores, tratando de llevarla a la perfección, por un lado, y renunciar a nosotros mismos y tratar de adoptar una forma de ser enteramente distinta, por otro. ¡Y esa es la gran tentación! Es también el momento en que nos sentimos abrumados por nuestros defectos. Antes pensábamos siempre que con un par de propósitos enérgicos podíamos superar cualquiera de ellos, pero ahora experimentamos qué dentro los llevamos y qué tenaces son. Oímos los reproches y la crítica de los demás, y vemos cuánta razón tienen. Se presenta entonces la gran tentación de desesperar de nosotros mismos. Lo que hemos de hacer entonces es proclamar nuestra adhesión a nosotros mismos: «Así es como soy. Esta es mi forma de ser, estas son mis capacidades, estos son mis defectos. No reniego de mí». Hemos de llegar a ser perfectos, qué duda cabe. Pero sin que, para ello, tengamos que salir corriendo de nosotros mismos. No engañándonos a nosotros mismos y adoptando una forma de ser ajena, sino desde la que nos es propia: «Quiero llegar a Dios, pero por mi propio camino y por mi propio pie». Solo entonces empieza la auténtica pelea. Todo lo tenemos ahí delante, nítido, duro y frío. Comienza el día a día. Cuando te enfrentes a tu propia realidad con toda la dureza que sea necesaria y le plantes cara podrás decir que eres todo un hombre. Al mismo tiempo se te exige plantar cara también a otra cosa: al propio destino. Goethe ha dicho que conocemos a personas de todo tipo; primero esas relaciones son solamente bellas e interesantes, pero un buen día notamos que en ellas se encierra nuestro destino. Circunstancias, experiencias, obras y palabras, serias, joviales, irreflexivas... al principio todo es vida que surge, dotada de vivos colores, llena de fuerza y de tensión. Pero con el tiempo se va haciendo rígida y pesada, se convierte en destino. Llega entonces un momento en el que notamos: hasta aquí he vivido meramente al día. Pero ahora la cosa se pone seria. Obras que hemos empezado; responsabilidades que hemos asumido; circunstancias que nos rodean; relaciones que hemos anudado; promesas que hemos hecho; declaraciones, adhesiones: todo eso se convierte en una dura realidad. Y de nuevo hay que decidirse: ¿huimos de ello?, ¿recurrimos a tontas excusas?, ¿dejamos estar la cosa?, ¿o le plantamos cara? Todo esto no quiere decir que tengamos que plegarnos pasivamente a situaciones difíciles cuando podamos salir de ellas con honra; que tengamos que conservar relaciones que nos abruman y que tenemos derecho a deshacer. El hombre se forja a sí mismo un destino, y le es lícito luchar hasta el último aliento para que ese destino sea ancho y hermoso. Pero todo depende de que ahí plante cara a la realidad, a las obligaciones reales, a los lazos reales que le aten. Y es frecuente que también ahí comience la soledad. Puede suceder que un día nos veamos solos ante nuestro destino. Y será entonces cuando habrá que demostrarlo todo, y de quien resista se podrá decir que es todo un hombre.

Y en tercer lugar: también a la obra hay que plantarle cara, a la profesión, a la misión. Todos tenemos nuestra misión. Ya lo sé: en contra de esta afirmación se pueden decir muchas cosas. Y, sin embargo, todos tenemos una misión, todos tenemos algo que hacer, algo que decir, algo que ser. En toda profesión hay cosas muy duras. Al principio todo parece muy bonito; solo con el tiempo aparece lo duro. Muchos tienen que hacer incluso desde el principio cosas que les resultan difíciles. También se puede dar por seguro que habrá personas que se pondrán en nuestra contra. Todos nos buscamos a nosotros mismos, somos cortos de miras y nos comportamos injustamente con los demás. Así que toda profesión es pugna con una tarea, pugna con otras personas. Al principio la alegría que acompaña a toda actividad creativa hace que superemos esas dificultades. Además, las personas son nuevas unas para otras, aún no se conocen bien. Pero con el tiempo van apareciendo los contrastes, y un buen día los tenemos delante en toda su crudeza. En ese momento apreciamos la dificultad real que encierra la tarea. Vemos qué lejos estamos de las otras personas, en qué profundo contraste con ellas, también con las mejor intencionadas, y no digamos con las carentes de escrúpulos y con las que nos son hostiles. Falta de comprensión, celos, envidias, cortedad de miras: todo eso se hace sentir con claridad. Es el momento de tomar la decisión de si vamos a dar entrada al miedo. De si vamos a tener miedo a la tarea y a ser infieles a ella, de si vamos a tener miedo a la gente y a retroceder ante ella, de si vamos a tener miedo a la soledad y a ir corriendo a sumarnos al rebaño; o de si, por el contrario, vamos a plantar cara a todo eso.

Lo que acabo de decir no significa que, por ejemplo, tengamos que perseverar en una profesión que no nos va cuando poseamos la fuerza necesaria para desembarazarnos de ella. No significa que debamos obrar en contra de nuestra experiencia y del juicio racional porque pensemos que así lo exige la misión. Pero cuando alguien ha llegado a saber: «Este es mi sitio, esta es mi profesión, esto es lo que tengo que hacer», y nota en los años decisivos cuánto de duro comporta todo ello, entonces tiene que plantar cara. Plantar cara también a la incomprensión y a la hostilidad de las personas.

«¡Adelante, la bandera ondea,
gloria a quien la defiende!»

Ser viril, ser fiel. Y aquí no hay diferencia alguna entre el varón y la mujer. Pues, en el fondo, la feminidad no es otra cosa que haber llegado a saber, y ser fiel en la libertad.

Antes hemos dicho que es todo un hombre quien es capaz de plantar cara en solitario a su forma de ser, a su destino, a su tarea. Pero eso era verdad solo a medias. «En solitario» significa únicamente «sin compañía de otras personas». Pero alguien está siempre a nuestro lado, y con él, y solo con él, se consigue resistir: ese alguien es Dios. Ciertamente, hay también un plantar cara sin Dios. Pero se trata de un salvaje apretar los dientes, que lleva a que algo se petrifique en nuestro interior. Que Dios nos guarde de eso. Solo en Él reciben todas las cosas su verdadero rostro: la propia forma de ser, pues Él es su autor; el destino, pues Él lo ha dispuesto; la obra, pues Él nos ha llamado a ella. Y Dios nos da la fuerza para que nuestra forma de ser tome la figura de la libertad y de la perfección; la fuerza para vencer al destino; la fuerza para realizar nuestra misión. Está a nuestro lado, y así nuestra soledad está en Dios. Y aún ha hecho algo más. Nos ha mostrado con su propia vida cómo se planta cara en la más terrible de las soledades: en la cruz. Y al pie de la cruz estaban una mujer y un hombre, María y Juan. Solos. Alrededor de ellos, nada más que escarnio y blasfemias. Pero ellos resistieron. Mira, este es el fondo último de la condición de varón y también de la de mujer: poder estar solo al pie de la cruz, en la fuerza de Cristo. Y en cierta ocasión todos nosotros hemos sido ungidos para esa valentía: en el sacramento de la Confirmación. En ella el Espíritu Santo nos ha «afirmado» para que seamos varones o mujeres santos en el Señor. En ella toda inseguridad y miedo infantil llega a su final, todo el revoloteo de la persona joven cesa. Ahí nos plantamos.

¿Ha sido un largo camino, verdad, desde el alegre juego hasta este áspero secreto? Y, sin embargo, es un camino. Un paso tras otro nos lleva desde allí hasta aquí. Quien da el primer paso con sinceridad llega al lugar en el que comienza el segundo, de este accede al tercero, y así sucesivamente.

De esta manera se nos revela con claridad qué puede querer decir envejecer bien. Quien ha llegado a ser viejo de esta manera ha superado también la etapa del hombre adulto, todo lo que de duro y fatigoso comporta. A él todo se le ha hecho claro y libre. Tiene de nuevo la sencilla confianza del niño y su luminosa jovialidad. Y en ese momento se ha cerrado el santo anillo de la vida: la condición de niño y la de adulto han llegado a ser una y la misma cosa. Ahora es el momento de la eternidad.

SÉPTIMA CARTA

LIBERTAD

La palabra «libre» ha llegado a ser para muchos una niebla que difumina todo contorno. Pero precisamente aquí tenemos que ver claro, así que vamos a dejar a un lado cuanto no sea más que palabrería o sentimentalismo.

Mirar con fijeza, distinguir con claridad. No para dar vueltas en torno a los problemas, pues precisamente en lo relativo a esta cuestión eso no nos llevaría muy lejos. Más bien vamos a dirigir nuestra más viva atención a esta pregunta: ¿quién es libre?, ¿cuándo tenemos derecho a considerarnos libres? Es la figura del hombre verdaderamente libre lo que aquí nos ocupa. Puede que algo de lo que digamos al respecto parezca de cortos vuelos, pero no vamos a dejarnos desanimar por eso. Lo «grandioso» no siempre es auténtico; detrás puede haber mucho de falso. Vamos a hacer un buen trabajo, trabajo artesanal, honrado y de resultados duraderos.

Comencemos por lo que tenemos más cerca. Se dice que una persona es libre cuando puede hacer lo que quiere, cuando tiene libertad externa de decisión y de movimientos. A muchos les pasa que tienen superiores, o personas cercanas por cualquier otra razón, que constantemente les están dando órdenes. Como es natural, en esa misma medida no son libres. Quieren hacer una excursión a pie, y no les dejan; quieren apuntarse a un grupo, y se les prohíbe; les gustaría emprender una tarea del modo que les parece correcto, y tienen que realizarla siguiendo instrucciones ajenas; se sienten atraídas por una profesión determinada, y no pueden abrazarla... Todo esto es falta de libertad, y puede llegar a constituir una carga muy grande.

Todavía más dura resulta la falta de libertad cuando el entorno tiene una actitud interior distinta de la de uno. Eso le puede pasar a cualquiera y en cualquier circunstancia. No le comprenden; le rechazan; quieren imponerle opiniones diferentes de las suyas. Lo que a él le gusta, no se toma en serio. Aquello a lo que él aspira, se ridiculiza. Se le intenta imponer una compañía que le repugna; formas de trato social, diversiones, prendas de vestir que no le gustan... Esa instancia externa puede ser la sociedad, el entorno profesional, la familia, el internado o cualquier otra. Puede llegar a ser una auténtica tiranía, y personas que para ellas mismas reclaman la máxima libertad son con frecuencia las que menos escrúpulos tienen en su trato con los demás. Si además somos de natural condescendiente o nos apocamos fácilmente, puede que perdamos toda independencia. Las constantes críticas nos quitan toda confianza en nosotros mismos. Ya no pensamos con nuestra propia cabeza, sino con la ajena. Nos plegamos, ya no encontramos bello y feo, correcto e incorrecto, noble y despreciable lo que nuestro propio corazón así nos presenta, sino lo que los demás nos imponen como tal. Hasta que al final llegamos a perder no solo nuestra libertad exterior, sino también la interior.

Y esa falta de libertad no es nada infrecuente. Algunas personas están profundamente metidas en ella, otras algo menos. Pero, de una manera u otra, a todos nos afecta, pues todos estamos rodeados por circunstancias que no podemos cambiar. Formamos parte de una familia y tenemos que aceptar a nuestros familiares como son. En el instituto no podemos elegir a los compañeros de clase y a los profesores, ni tampoco el centro educativo mismo al que vayamos, sino que hemos de conformarnos con los que tenemos. Desempeñamos una profesión, trabajamos en una oficina o en un taller, estamos inmersos en determinadas relaciones sociales y tenemos que aceptar todo eso como es. Así, todos experimentamos de alguna manera la presión de la falta de libertad externa. ¿Qué tendría que pasar para que en todo eso fuésemos enteramente libres? Que pudiésemos ir y venir como quisiésemos, que trabajásemos en lo que nos pareciese bien, que organizásemos nuestra vida como más nos gustase, que tuviésemos un entorno que respetase nuestras opiniones... En una palabra, que fuésemos dueños de nuestras decisiones y de nuestros movimientos. Eso sería libertad, y probablemente valga la pena luchar por alcanzarla. Ciertamente, hay situaciones en las que no se puede cambiar nada. Circunstancias familiares, educativas, profesionales con las que tenemos que conformarnos. Pero hemos de hacerlo de la manera correcta, sin que sufran por ello el respeto y el amor al prójimo. Y se puede conseguir mucho. Sobre todo tenemos que mantenernos fieles a nosotros mismos. Por ejemplo, quien quiera dedicarse a una determinada profesión y encuentre resistencia, lo primero que tiene que hacer es responder con claridad a esta pregunta: ¿qué es lo que quiero?, ¿por qué? Y después, una vez y otra, ha de saber decir las palabras adecuadas en el momento adecuado. Al mismo tiempo deberá esforzarse en el trabajo y en casa para que sus padres vean que le anima una buena intención, y se esforzará por adoptar el tono y la compostura exterior que sean más apropiados para superar la resistencia mediante la fuerza de su actitud interna. Puede que alguien piense que todo esto es «diplomacia» y que implica falta de sinceridad, que se debe declarar abiertamente qué se quiere, y punto. ¡No! La voluntad que emplea medios buenos para una causa buena es sencillamente una voluntad racional y consciente de la meta que persigue. Con modales bruscos, con exigencias «terminantes», con la rebelión y el enfrentamiento se alcanza poco de bueno, y al precio de la falta de paz y de una gran irritación. Bien es cierto que hay situaciones en las que vemos: aquí está en juego mi alma, la salud interior de mi vida, la profesión y la tarea de mi vida. En esos casos, puede que sea necesario prestar abierta resistencia. Pero entonces debemos poder decir con sinceridad que lo que está en juego es realmente algo importante, que ya lo hemos intentado todo y que no hemos obtenido nada. Con un corazón puro es como se debería conducir una lucha abierta como esa. Ya hemos experimentado con frecuencia que algo que al principio nos parecía enormemente importante era tan solo algo que nos gustaba o un mero capricho. Más de uno ha creído que toda su vida dependía de algo, y poco más tarde eso mismo le era indiferente. Pensaba que ya no podía aguantar más, que tenía que salir de cierta situación, y más tarde veía que en realidad estaba tratando de hurtarse a deberes incómodos. Seguramente hay casos que exigen una prueba de fuerza, pero en general podemos obtener lo suficiente con solo que permanezcamos constantes y hagamos un nuevo intento siempre que se presente la ocasión, a la vez que cumplimos cuidadosamente nuestros deberes y en el trato con los demás adoptamos una actitud circunspecta. Es verdad que al obrar así siempre terminaremos por llegar a la frontera en la que comienza lo que no se puede cambiar. Lo que hay que hacer entonces es aceptar lo inevitable con buen ánimo.

La lucha resulta especialmente necesaria cuando lo que hay que hacer es defender las propias convicciones contra un entorno violento. Una cosa sobre todo es la más importante entonces: no permitir que el ambiente nos haga vacilar. Por mucho que nos aprieten los compañeros de clase, de taller, de fábrica o de oficina, los socios o los colegas: ¡no vacilar! Nos jugamos la libertad. Cuando vemos que atacan una convicción nuestra, la examinamos, la repensamos a fin de comprenderla mejor, la limpiamos de exageraciones y opiniones falsas, y después la abrazamos con toda el alma, cada vez más estrechamente y con más fuerza. ¡Mantenerse firme! Clases enteras se han burlado de alguien, talleres y oficinas al completo, tertulias y grupos de comadres han aunado sus esfuerzos contra una persona. Pero ella se ha mantenido firme, y al chocar con su corazón tranquilo y su voluntad clara todos los ataques han quedado desbaratados.

Esa libertad externa es preciosa, sobre todo cuando la hemos logrado con nuestro propio esfuerzo. Pero, con todo, no es más que el primer paso hacia el país de la libertad. Lo que sigue seguro que ya lo has experimentado alguna vez: alguien tiene esa libertad externa, al menos tanta como es razonable exigir. A algún orden tiene que atenerse, pero por los demás nada se pone en su camino. Puede hacer o dejar de hacer cuanto él quiera, puede vivir con sus amigos, puede dedicarse a lo que cree conveniente. Puede que incluso no se preocupe de cumplir reglamento alguno y que haga solo lo que le parece. Lee lo que le cae en las manos; nadie se opone a sus tesis; en suma, es libre en todo lo que hace. Pero se pone de moda una expresión; en la clase o en el grupo todos la utilizan, y él también. Una nueva corbata empieza a llevarse, una manera de dar la mano y de saludar... Puede que él no acabe de ver a qué viene esa nueva costumbre, pero quiere que se le tenga por elegante, o por moderno, haciendo en cada ocasión lo que así se considere, y se suma a la corriente. ¿Qué libertad es esa?

Un libro se pone de moda. No vamos a mencionar ninguno concreto; seguro que ya estás pensando en algunos que han circulado por mano de todos. Algo en él se resiste. El libro le parece exagerado, poco natural. Oye en él el ruido de latas de palabras grandilocuentes detrás de las que no hay nada sólido. Advierte en ese libro una mezcla dudosa de cosas limpias con otras que no lo son tanto. Pero el libro está en ese momento en la cresta de la ola y en boca de todos, y él lo lee y le parece bonito.

Alguien es ridiculizado, un compañero de clase, un profesor, o quien sea. La persona de la que estamos hablando nota la falta de delicadeza que ahí subyace. ¿Sabes que cuando Wilhelm Raabe* quiere indicar que una persona posee una nobleza de corazón muy especial cuenta que esa persona nunca ha ridiculizado a otra? Nuestro hombre nota, así pues, la falta de delicadeza, pero los demás se ríen, y él con ellos. Alguien del grupo ha dicho lo que piensa. Los demás están en contra. Él ve que no le falta razón al primero. Pero «se» está

* Escritor alemán (1831-1910), uno de los principales cultivadores de la novela realista.

en contra, así que no osa oponerse, y dice lo que los demás. Etcétera, etcétera. Siempre lo mismo: alguien no se atreve a decir en la asamblea algo de lo que está firmemente convencido porque teme que las miradas de todos se vuelvan contra él; ríe un chiste, contra el que se rebela todo lo que hay de limpio en su corazón, porque no quiere que se le tenga por un mojigato; se avergüenza de su pureza de vida, porque los demás, que «ya tienen experiencia», no le consideran como uno de los suyos... ¿Es esto libertad?

¡Verdaderamente que no! Exteriormente puede que parezca que es libre como un pájaro, pero por dentro es un siervo. ¿Siervo de quién? De la opinión pública. No es que queramos despreciarla por completo, también tiene sus cosas buenas. En ella se expresa la conciencia de muchos. Pero, por otro lado, ¡cuánto de absurdo y bajo, cuánta ruindad bienpensante encierra! Poco importa que sea la opinión pública de una ciudad o de un instituto, de una clase o de un grupo. En cierta ocasión, un hombre ya muy baqueteado me habló de una experiencia que él hizo en la vida pública: cada persona por separado suele ser bastante decente, pero tan pronto se juntan cien de ellas es como si tuviesen el diablo en el cuerpo. En esas palabras hay mucho de verdad. Quien está solo tiene que responder de lo que dice o hace; su conciencia permanece despierta. Pero cuando se juntan muchos, cada uno, por así decir, traspasa su responsabilidad al vecino. Cada uno se deja llevar por los demás, y ¿cuál es el resultado? Que la masa se torna irresponsable. Y, por cierto, la mayor parte de las veces no son los más nobles, los de mentalidad más estricta, quienes marcan la pauta, sino los que más gritan y los que mejor aciertan a formular lo que les gusta a todos. Así pues, quien quiera ser libre tiene que liberarse de la servidumbre de los muchos.

Pero también hay una dependencia respecto de los pocos. A veces toda la clase, todo el grupo está bajo el dominio de una camarilla, o incluso de un solo sujeto. En la vida, en la profesión, en el partido político tal cosa sucede con frecuencia. Ese uno o esos pocos saben expresar lo que quieren. Tienen una voluntad enérgica, a veces también una forma de ser que les lleva a no respetar nada y a hacer lo que desean con un pasmoso atrevimiento, y así es como logran el predominio. Puede suceder que alguien así llegue a dominar por completo a otra persona. Su amigo habla como él, hace lo que él, le presta oído solo a él, se rige en todo por él. Pero eso ya no es amistad, sino servidumbre.

También de esto hemos de saber defendernos. A una persona probada podemos serle fieles, pero no por ello perderemos nuestra independencia. En casi toda amistad llega un momento en el que se decide si para uno de los amigos se convertirá o no en servidumbre. Puede haber entonces momentos difíciles, malentendidos, luchas, pero será preciso apretar los dientes y aguantar. Y para el amigo esos momentos serán una prueba de si realmente es lo que dice ser, un amigo, o de si lo que quiere es dominar. Además, quien tenga la voluntad de desarrollar una auténtica amistad, en el primer momento no entenderá qué sucede cuando el otro aparentemente se separa de él. Pero si realmente quiere bien a su amigo, pronto se da cuenta de que no lo va a perder. Le concede esa libertad, y de esa forma vuelve a ganarlo para sí de un modo enteramente nuevo. En cambio, quien actúa movido por el afán de dominar no quiere eso; desea que su amigo le siga estando sometido, trata de que no adquiera libertad, se llena de una ira mal disimulada contra él, le acusa de falta de lealtad. En el grupo sucede frecuentemente algo parecido. El varón perfecto quiere por amigo a una persona libre, no a un siervo; quiere dirigir hombres libres, no un rebaño. Por ello, se alegra tanto más cuanto con más decisión sacan a la luz los demás su propia forma de ser.

No olvidemos que se puede ser siervo también de las cosas, no solo de las personas. Una golosina puede hacernos tan ávidos de ella que con tal de degustarla olvidemos toda otra consideración. Alguien ve un equipo de montaña, un uniforme, una bicicleta, una canoa desmontable, y quiere obtener eso a toda costa. Ve un sello raro, un mineral muy valioso, un libro o un cuadro, piensa que tienen que llegar a ser suyos, y no descansa hasta que lo consigue. El hombre es capaz de poner bajo su poder de esa manera cosas de todo tipo: «casas, campos, siervos, siervas, bueyes, asnos», y en general cuanto puede ser propiedad de una persona. Esa dependencia puede hacer el corazón enteramente intranquilo y robarle toda alegría; es posible incluso que le lleve a hacer cosas injustas. Y cuando poseemos algo, la dependencia puede llegar a ser tan grande que ya no seamos capaces de desprendernos de nuestras cosas, tampoco cuando algunas de ellas sean absolutamente necesarias para otras personas o con ellas podamos darle una gran alegría a alguien.

Quien tiene tal actitud interior se convierte en esclavo de las cosas. «Bienaventurado el varón que no va en pos del oro», dice la Escritura, «y no pone sus pensamientos en el dinero y en cosas de subido precio. Decidnos su nombre, que queremos ensalzarle, pues, verdaderamente, ha logrado algo grande en su vida». ¡Ha sido un hombre libre!

Esa servidumbre es lo que hay que romper, también cuando para ello tengamos que ser duros con nosotros mismos. Sí, tenemos que serlo, pues de lo contrario no avanzaremos. Permanecer estrictamente en lo que es justo, también en las cosas más pequeñas. Dar y ayudar de buena gana a los demás. Y si notamos que los lazos se hacen demasiado fuertes, no nos queda más remedio que sacrificar voluntariamente lo que tanto nos ate.

Así pues, para ser libre no basta, ni de lejos, poder hacer lo que se quiere. Hay que ser también independiente de personas y cosas. Hay que guardar lealtad a la propia conciencia, al propio juicio, a la orientación marcada por la propia forma de ser. El hombre interior que llevamos dentro tiene que enseñorearse también de lo externo, del entorno, de las circunstancias, cosas, posesiones y propiedades.

Pero tenemos que profundizar todavía más. Imaginemos alguien que es señor de sus decisiones e independiente también interiormente, alguien que actúa realmente según le parece correcto hacerlo. Sin embargo, a veces se apodera de él tal cólera que se transforma por completo. Dice entonces cosas de las que después se arrepiente amargamente, es injusto con los demás, les grita e insulta: ¿es libre esa persona?... Otra es vanidosa, habla con frecuencia de ella misma, sabe llevar siempre la conversación a sus cosas, pues es ese el terreno en el que más cómoda se encuentra; presta atención inmediatamente cuando se la menciona; ve enseguida en todo un reproche o una adulación; está siempre al acecho para saber qué piensan los demás de ella: ¿es libre esa persona?... En un tercero la pasión hierve a veces de tal modo que ya no puede dominarse, que dice cosas indignas o se comporta de manera inapropiada: ¿es libre esa persona?... Y así muchas más cosas: en este golosinas, en otro testarudez, en un tercero envidia, en un cuarto orgullo... Llevan dentro pasiones, impulsos, costumbres que les atan. ¿Se les puede considerar libres? Hacia fuera puede que sí, pero ¿también hacia dentro? Las personas como esas puede que se abran paso en el mundo, pero están atadas por dentro.

Así pues, en la persona misma, dentro de ella, hay en cierto modo dos personas: una interior, que es la auténtica, y una segunda, más externa que la primera, que son sus pasiones e impulsos. No son malos, al contrario, son capacidades preciosas. La pasión es una capacidad, el impulso es una capacidad. El irascible tiene también fuego cuando es preciso arriesgar algo al servicio de una gran causa. El apasionado tiene un alma vibrante y capacidad de entusiasmo por lo noble. Quien gusta de las posesiones sabrá lo que valen las cosas y será un buen administrador de su casa. El celoso considera muy valioso a su amigo, y así sucesivamente. Todas estas capacidades son preciosas, pero también ciegas. Pueden destruir, desorientar, aherrojar, cuando el hombre interior no mantiene libre su conciencia. Tiene que dominar sus pasiones e impulsos; tiene que domarlos, ordenarlos, hacer que le sirvan. Entonces sus efectos serán beneficiosos, igual que los del fuego cuando se emplea bien.

Libre es solo aquel cuyo hombre interior domina al exterior, y la conciencia y la libertad de corazón al impulso y a la pasión. Solo esta es la auténtica libertad, la libertad moral. Ella hace que la persona viva desde su más profundo núcleo, la conciencia. Que todo sea gobernado por la conciencia, y a través de ella por Dios. Solo la libertad moral hace que el hombre adquiera auténtica personalidad.

¿Cuándo, entonces, merecemos que se nos considere libres? Cuando somos exteriormente dueños de nuestras decisiones. Cuando nos hacemos independientes de la influencia de las personas y de las cosas y actuamos por nosotros mismos. Pero sobre todo cuando lo más profundo que tenemos, la conciencia, se enseñorea por completo del mundo de las pasiones e impulsos.

La primera libertad es buena y, sin duda, digna de que luchemos por ella. Da espacio abierto, vía libre, pero sigue siendo externa. Más importante es la segunda libertad; tiene su sede ya bien dentro de nosotros. Sin ella, la primera no vale nada. Hace al hombre libre para su propia naturaleza; hace que no viva y actúe como su entorno, sino como lo quiere su ser propio; hace que él sea él mismo; que sienta según corresponde a su forma de ser; que piense lo que le parezca evidente; que haga lo que considere correcto; que en todo su ser exprese la imagen esencial que está puesta en germen en él. Solo esta segunda libertad hace valiosa a la primera. Pero la decisión se toma en el tercer ámbito, en el más íntimo: la decisión de si el hombre logra acceder a la libertad moral. De si es su conciencia, la voz de Dios en él, y no el impulso, la pasión, el egoísmo quien obtiene el predominio. Si llega a la personalidad. Cuando la conciencia sirve a Dios y desde la voluntad de Dios domina todo, entonces y solo entonces es el hombre realmente libre. Pues ser libre significa pertenecerse a sí mismo, ser uno consigo mismo. Pero mi auténtico yo es la conciencia; a ella tiene que pertenecerle todo y a ella he de adherirme si es que quiero ser libre. Solo esta libertad da a la externa su valor, pues es ella la que hace que sea una libertad humana, no la de un pájaro. Es también ella la que da a la segunda su valor, pues hace que sea libertad de hijo de Dios, no un mero dar rienda suelta a nuestras capacidades naturales. Solo ella hace que toda capacidad y todo impulso sean nobles y fecundos.

Así pues, ¿es el hombre libre por naturaleza? No; tiene que llegar a serlo. Sí; lo es en el sentido de que en cada cruce de caminos puede ir a la derecha o a la izquierda, según prefiera. Pero la auténtica libertad, la espiritual, tiene que ser conquistada. Y para ello hay que librar una batalla tenaz e infinitamente fatigosa. Es cosa muy notable: si miramos de cerca a la gente que habla de la libertad en voz muy alta notaremos frecuentemente que saben pero que muy poco de la auténtica libertad. Quienes saben realmente en qué consiste, quienes la anhelan realmente y han experimentado en el duro combate qué poco la posee el hombre, no hablan mucho de ella.

Pero ¿cómo se llega a ella? Tres caminos llevan a la libertad: conocimiento, rigor consigo mismo y comunidad. «La verdad os hará libres», ha dicho el Señor. Estaremos tanto más metidos en la servidumbre cuanto menos sepamos que somos siervos. Cuando nos damos cuenta de que lo somos, ya ha irrumpido algo la libertad en nosotros. Quien, por ejemplo, sencillamente se suma a la falta de corazón de los demás, sin reflexionar al respecto, está totalmente metido en la dependencia. Quien comparte las necedades de la moda, de los eslóganes y de la opinión pública, los malos hábitos y costumbres de sus compañeros de clase, de sus colegas o de sus amigos, como si eso fuese lo más obvio del mundo, no se liberará de todo ello. Pero si por obra de una experiencia o de algo que oye llega a ser consciente de con qué poca libertad se conduce, de qué injustos son sus juicios, o de qué mala es cierta costumbre suya, puede ser que se le caigan como escamas de los ojos. Se avergonzará; no entenderá cómo él podía ser así; la ceguera quedará superada, y el camino que lleva a la libertad expedito. Ve cuál es la situación, y sabe dónde tiene que empezar a trabajar. Pero, sobre todo, debe mirar con claridad a su interior. No basta que sepa: «Soy poco amable con los demás». Tiene que preguntarse: ¿por qué?, ¿con quién? Quizá se dé cuenta entonces de que lo que le lleva a ser poco amable con el otro son celos ocultos o envidia encubierta. No basta que sepa: «Soy negligente en mi trabajo». Tiene que preguntarse: ¿por qué? Quizá no sea más que por pereza lisa y llana. Pero acaso se trate de cansancio. Y que este proceda del desorden, de acostarse demasiado tarde, de querer hacer demasiadas cosas a la vez. No basta que sepa: «Soy demasiado susceptible con los demás, duro en mis juicios, impaciente con quienes me rodean». Tiene que preguntarse: ¿por qué? Quizá note entonces que en último término todo eso procede de una pasión; que algún impulso no dominado anida en él y le hace estar siempre descontento.

Por tanto, tenemos que llegar a conocernos a nosotros mismos. «¿Dónde hay en mis circunstancias exteriores cadenas que puedo eliminar sin atentar contra mis obligaciones? ¿Dependo de las personas por imitación, vanidad, respetos humanos? ¿Soy siervo de las cosas por obra de la avaricia, de la envidia, de la concupiscencia? ¿Soy siervo de mi naturaleza? ¿Por pasión, defectos, desorden? ¿Dónde están mis defectos más fuertes? ¿Cómo se manifiestan?» Así iremos adquiriendo poco a poco una imagen clara de nosotros mismos. Especialmente práctico es reflexionar tan pronto algo suceda. Tras un encontronazo con alguien, por ejemplo, o tras una discusión, preguntémonos: «¿Cómo es que he llegado hasta ahí?, ¿dónde he tenido la culpa?» ¡Pero hemos de querer ver la verdad con sinceridad! La vanidad no debe tergiversar las cosas de manera que parezcamos inocentes. Un filósofo dijo con maldad: «Has hecho tal cosa. El orgullo replica: Eso no puedo haberlo hecho yo. Y la memoria cede...». Así pues, ¡querer ver! ¿Qué es lo que anida en mi interior y me ha llevado tan lejos? Hemos obrado de modo injusto; entonces fijamos una mirada severa en nosotros mismos y nos preguntamos: «¿Por qué? ¿Cómo has llegado hasta ahí? ¿Ha pasado ya otras veces? ¿Hay algo en ti que te impulsa a obrar así?». Tras un fracaso, examinémonos: «¿Qué es lo que ha salido mal? ¿Cuál ha sido la causa? ¿Ligereza? ¿Desorden? ¿Debilidad? ¿Poca fiabilidad?». En esos momentos, la conciencia está más despierta, la mirada es más luminosa, la voz interior más clara. Hay que aprovecharlos. O, al acabar un mes, al final de curso, o de algún otro período, echemos una mirada de conjunto al tiempo transcurrido y preguntémonos con toda seriedad: «¿Qué tal ha ido? ¿Qué has hecho bien? ¿Dónde has fallado? ¿Qué ha pasado en el trabajo? ¿Cómo te has comportado con tu familia? ¿Y con los compañeros? ¿Y con los profesores? ¿Con los superiores, con los subordinados?». También se puede aprovechar para eso el examen de conciencia previo a la confesión, o bien observar durante una temporada cuál es nuestra marcha en lo relativo a un defecto concreto.

Con todo eso no quiero decir, lejos de mí, que debamos estar constantemente mirándonos a nosotros mismos, observándonos y analizándonos. Eso perturbaría nuestro ánimo. El miedo, que ve defectos por todas partes, y los escrúpulos, que ven culpas por doquier, casi son todavía peores que una simple ceguera, pues falsean la conciencia y la hacen insegura. Pero es necesario querer ver claro. Para ello tenemos que examinarnos de cuando en cuando. Solo que tiene que ser con veracidad, con una mirada que quiera realmente ver, que, sin dejarse sobornar por cosa alguna, llame malo a lo que es malo, importante a lo que lo sea. Que ni culpabilice ni tampoco diga que está bien lo que no lo está, sino que busque la claridad. De ahí procede la verdad que nos hace libres.

Pero con el conocimiento solo no basta; hace falta también actuar: rigor y sacrificio. La verdadera libertad crece solo del rigor. Cuando alguien te hable de libertad y tú notes que para él no procede del rigor, no le creas. Miente, por magníficas que suenen sus palabras. Realmente libres no lo somos por naturaleza: me refiero a la libertad espiritual, por tanto no solo a la capacidad de ir hacia la derecha o hacia la izquierda según prefiramos. Que la alcancemos, o no, depende del rigor con que nos tratemos a nosotros mismos. Y, por cierto, de un rigor por entero honrado y leal. De él forma parte la lucha perseverante, día tras día, contra las cadenas exteriores, y sobre todo contra las interiores. De él forma parte la constante autosuperación. Pero no nos propongamos demasiadas cosas; pocas, quizá solamente una. Por ejemplo, trabajar a conciencia, y poner en ello toda nuestra atención. Si mejoramos ahí, esa mejora influirá sobre todo lo demás, pues el hombre es una totalidad viva. Quizá podemos formular nuestra decisión en términos todavía más concretos: «Voy a hacer muy bien los trabajos que me manden para casa; o las tareas del hogar».

Tenemos que querer algo muy determinado y claro. Por la noche vemos cómo ha ido la cosa (examen de conciencia); por la mañana renovamos la decisión. Procedemos así durante un cierto tiempo, hasta que notemos que nos vamos haciendo más firmes en nuestro interior. Pero después cambiamos y nos proponemos otra cosa distinta. Las decisiones pierden fuerza con el tiempo; nos acostumbramos a ellas. Por esa causa tenemos que tomar de cuando en cuando una nueva, y entonces cobramos nuevo impulso.

Este es el sano rigor con uno mismo: ponerse manos a la obra con decisión, luchar con valentía, volver a la carga una y otra vez. Y date cuenta desde el principio de que la cosa va para largo. Las pequeñeces, por ejemplo, alguna costumbre molesta o poco educada, podrás eliminarlas pronto. Pero los auténticos defectos anidan tan profundamente en la criatura humana que necesitarás años para acabar con ellos. Quizá al principio todo vaya incluso a peor. Mientras dejábamos a las cosas seguir su curso, no notábamos especialmente su presencia. Pero cuando emprendemos la lucha, todo empieza a moverse en nuestra alma. Precisamente la atención que se le presta y el intento de combatirlo es a veces lo que hace que el defecto despliegue toda su fuerza. La consigna es, entonces, no perder los papeles y resistir.

Sobre una cosa querría llamar especialmente tu atención: puede ser que no avances nada. Una y otra vez, los mismos defectos, de manera que empezamos a desanimarnos. Pero hay que conocer al ser humano. Quizá no avancemos realmente en lo que nos habíamos propuesto de forma específica, pero en cambio sí lo hacemos en otra cosa. Así, puede suceder que alguien combata largo tiempo su irascibilidad y que no consiga nada, pero que, sin que él lo note, se vaya haciendo más bondadoso con los demás. Precisamente el hecho de que ha tenido que luchar tan duramente y de que sentía su defecto en lo más hondo es lo que le ha llevado hasta ahí. Otro se esfuerza por ser más ordenado, o por trabajar con diligencia. Y fracasa una y otra vez. Pero sin darse cuenta se le va haciendo más fácil dominar sus pasiones. La constante pelea por el orden le ha dado la fuerza necesaria para no perder tan fácilmente la cabeza ante sus impulsos primarios. Vemos, por tanto, que en la vida interior todo está relacionado con todo. Lo que se consigue en un sitio, repercute también positivamente en los demás lugares. Así que no debemos desanimarnos nunca.

También es importante otro tipo especial de rigor con uno mismo: el orden. Puede que suene raro decir que la libertad procede del orden, toda vez que estamos acostumbrados a considerar que los hombres más libres que existen son similares a los juglares vagabundos de la Edad Media, que vivían sin ataduras, absolutamente al día y sin asumir vínculo alguno. Y, sin embargo, ser libre significa que lo interior sea independiente de lo exterior, lo profundo de lo superficial, lo eterno de lo momentáneo, lo noble de lo carente de valor. Pero lo noble, eterno, interior tiene que ser protegido para que lo carente de valor, lo momentáneo, lo superficial y lo externo no lo arrollen. Y eso se consigue mediante el orden. Nada de una meticulosidad nimia y de cortos vuelos, por tanto, sino orden como medio para liberar lo más propio de nosotros. De él forma parte sobre todo el orden externo en la mesa, en nuestra habitación, en el armario. Quien tiene todas sus cosas manga por hombro, como si al papel, a los lápices, a los libros y a la ropa les hubiesen salido patas que los trasladasen siempre a donde no es su sitio, no es dueño de su entorno. Y eso se debe a que tiene el desorden metido dentro. En él mismo está todo manga por hombro. Luchar por el orden significa para él, por tanto, luchar por la libertad; una lucha del espíritu contra el desorden que reina en su propio interior. Lo mismo sucede con el orden en la tarea cotidiana: levantarse, trabajar, descansar y acostarse a su debido momento. No con estrechez de espíritu, pero sí con una cierta disciplina. Quien no consiga empezar y terminar cuando corresponde, es siervo con parte de su naturaleza, ya sea del ambiente o de la compañía, de los obstáculos o de las casualidades. Así pues, orden al trabajar: qué hay que hacer primero y qué después, y no según nos plazca, sino según sea necesario. Orden también en el interior del trabajo: leer el libro bien, no sin sistema, no lo último al principio. Leer detenidamente cada página, línea a línea. Pensar en lo que ahí se diga. Lo que no se entienda, consultarlo o preguntarlo. Hacer el trabajo a conciencia, no al ritmo de lo que se nos vaya ocurriendo. Terminar las cosas, sin abandonarlas tras un par de tentativas. Después, orden aún más hondo al pensar: adentrarse realmente en los asuntos. Pensar a fondo las cuestiones. No decidir a la ligera, sino después de una detenida reflexión. Atenerse a la secuencia lógica de las ideas, sin saltar de una a otra. No permitir que ocurrencias nuevas nos hagan abandonar el plan trazado, sino pensar derechamente, poniendo un pie detrás de otro.

Hay un tercer camino que conduce a la libertad: la comunidad. Pero hay que añadir enseguida: la verdadera comunidad. La falsa ata, ya lo hemos visto, en virtud del miedo, la sed de poder, la violencia. En cambio, la auténtica comunidad nos ayuda a ser libres. Ya el mero hecho de convivir con personas distintas de nosotros y de tratarlas con consideración rompe cadenas. Quien siempre anda solo se va enredando en su propia forma de ser, hasta que termina por no poder salir de ella. Pero si convive se encontrará con personas que tienen tal forma de ser distinta de la suya, y con personas que tienen tal otra. Y tendrá que afrontar esas formas de ser que le son ajenas. Entonces percibirá las peculiaridades de cada una, experimentará su influencia, tratará de comprenderlas, se preguntará en qué tienen razón y en qué no, las respetará, las aceptará para poder hablar y trabajar con las más distintas personas... Todo eso hará que su campo visual sea más amplio, su entendimiento más libre. Le pasará como a una persona que sale de un estrecho círculo familiar y local al ancho mundo. Bien es verdad que también puede suceder que sucumba a lo ajeno y pierda lo mejor que tenga, pero eso no tiene por qué ocurrir. Y quien, en cambio, se mantenga firme en su propia forma de ser verá cómo esta se amplía. Ganará experiencia vital, capacidad de juzgar y libertad de movimientos.

Esa persona ya no se sobrestima, sino que ve su propia forma de ser como una entre muchas. Incluso sucede que precisamente al compararla con las ajenas entiende mejor la forma de ser que le es propia. ¡Con qué frecuencia no nos damos cuenta de lo feo que es un defecto nuestro hasta que lo vemos en los demás! ¡Con qué frecuencia no nos alegramos de alguna buena capacidad nuestra hasta que vemos que les falta a otros, o lo que otros hacen con ella! Precisamente es en la contraposición con formas de ser ajenas donde, con mucha frecuencia, percibimos por primera vez la nuestra, y nos vamos identificando con ella a medida que tenemos que ir bregando con la incomprensión o el rechazo.

La mejor comunidad es la que formamos con el buen amigo y compañero. No en vano la esencia de la amistad reside en que cada uno quiere que el otro sea bueno, perfecto. La esencia de la camaradería está en que cada uno quiere que el otro sea eficiente en la misma tarea que él. Por ello, tiene que ser sincero con él y decirle dónde deja que desear. Una amistad tendrá valor en la misma medida en que uno sea veraz con el otro y este acepte la sinceridad del primero. Conozco a amigos que, cuando vuelven a verse tras un cierto tiempo, se miran fijamente el uno al otro. No como si estuviesen tratando de espiarse sin que se notase, sino abiertamente. Y cada uno lo sabe, y mantiene la mirada. Y después cada uno dice con toda sinceridad: «Oye, esto me parece bien, esto otro no...».

Una sinceridad como esa es difícil. Es difícil dejarse decir algo. Con frecuencia basta una palabra para hacer saltar a alguien. Pues la amistad no es cosa sencilla. Por grande que sea la lealtad mutua, toda clase de sentimientos callados de celos, aversiones escondidas, susceptibilidades y otras cosas poco claras erosionan la buena actitud interior. Es como si desde algún oscuro sótano subiese todo tipo de cosas extrañas hacia los estratos superiores y luminosos del alma. Más de una amistad se ha roto porque no se tenido en cuenta al «otro» que anida en el propio interior. Ese otro con frecuencia se defiende con gran virulencia contra una reconvención del amigo; la toma como arrogancia, pose de maestro de escuela, afán de dominio, superioridad. Entonces se decide si la amistad tiene hondura, un núcleo interior, o si era un mero sentimiento superficial.

Con frecuencia es difícil también decir algo al amigo. A veces no logramos ni siquiera articular las palabras. Sabemos de qué pie cojeamos nosotros mismos, y nos parece que seremos unos fariseos si le decimos algo al amigo. No queremos pecar de falta de delicadeza. Algunas cosas resultan especialmente difíciles. Es mucho más fácil decirle a alguien que debe moderar su cabeza caliente que decirle que debe atenerse estrictamente a la verdad, o que debe ser transparente en asuntos de dinero. Todavía más difícil me parece decirle a alguien, por ejemplo, que tiene que ser más limpio o comer con más educación, pues en esas cosas es donde las personas son más susceptibles. Pero hay que hacerlo, y prestamos al amigo un flaco servicio cuando callamos llevados de esos miramientos. Piensa despacio cómo decirlo, con nobleza, espera al momento oportuno, y entonces, ¡fuera con ello! El primer momento posterior puede que no sea muy agradable, pero después te lo agradecerá.

Todavía hay otra persona más que nos ayuda a ser libres: el contrario. Ciertamente es una obra maestra saber aprovecharlo. Pues, ya de entrada, la ira, la susceptibilidad, las preocupaciones y la sed de venganza quieren oscurecer por completo nuestra mirada y ver en el contrario solamente al diablo en persona. Pero ¿sabes una cosa?: el odio ve muy bien, la antipatía no se deja engañar. Quien sepa aprovechar lo que esos dos personajes ven y dicen oirá muchas verdades sobre él mismo. ¡Duras, malvadas, poco agradables, pero verdades al fin y al cabo! Con frecuencia más claras y atinadas, al no estar suavizadas por el afecto, que las que pueda ofrecernos el mejor de los amigos. Por eso ha hablado alguien del «mejor enemigo», del que nos coloca inexorablemente ante la alternativa: o esto, o aquello. Que irrumpe en todo autoengaño, en toda tranquila autocomplacencia: «Así es como eres, tío. Defiéndete». Ahí es donde se decide qué tal andamos de voluntad de libertad y de la tan cacareada veracidad: en cómo nos defendamos. Una posibilidad es limitarnos a mentir, cerrarnos a la crítica con mil razones (y esas razones las hay naturalmente a miles, pues la crítica hostil siempre es injusta), tratar de demostrar que el otro es un mal tipo y que en él no hay más que maldad, vulgaridad y ceguera. En ese caso hemos perdido la batalla, incluso aunque hayamos dejado sin argumentos al contrario. O, en cambio, sin que por ello dejemos de hacer uso de nuestro derecho a defendernos, nos preguntamos: «¿Por qué eso que ha dicho me afecta tanto? ¿No tendrá bastante de razón?» Si nos lo tomamos a pecho, y tratamos de mejorar, entonces habremos vencido, también en el caso de que aparentemente sea el otro quien se salga con la suya. La «comunidad de la enemistad»: esta es, probablemente, la prueba de maestría en la voluntad de libertad.

Así nos vamos acercando a la libertad. Despacio, pero nos vamos acercando. Es cierto que aún no he dicho nada acerca de lo más profundo de la libertad: de ser libre para Dios. De cómo una persona puede ir superando paulatinamente la dependencia de las cosas a fin de llegar a pertenecer a Dios y poseer a Dios. Pero ese sería un tema de por sí.

Para reflexionar: Hace tiempo que no decíamos esto en estas cartas. Pensé que ya no necesitabas esta invitación. Pero quizá sea bueno repetirla de cuando en cuando.

Libertad y obrar injusto. Pedir perdón y perdonar. Reparar las injusticias cometidas. – Libertad y lealtad. Cuando la lealtad pesa; cuando pensamos poder sacar más de quienes nos rodean. – Libertad y sufrimiento. Cadenas exteriores. Dolor, enfermedades, debilidades. – Ser una carga para los demás; ver a los demás como una carga. – Los defectos del prójimo. – Libertad y hacer el bien. Agradecimiento, tacto.

OCTAVA CARTA

ALMA

Esta carta tiene su historia... En realidad, todas la tienen. Cuando las releo, veo cómo se remontan hacia atrás, a veces a muchos años atrás. Más de una vivencia emerge del olvido, más de un rostro me mira, cosas acaecidas mucho ha vuelven a ponerse en pie. Estas cartas han surgido de un abigarrado conjunto de figuras y sucesos, indiferentes para el extraño, pero cargados de significado para quien está ligado a ellos. Después tuvo que llegar un buen momento que actuase en todo ello vivificándolo, y finalmente ahí estaba la «carta». Y si salió bien, salió de una pieza, sin costuras: era como un rostro vivo, en el que cada rasgo está donde tiene que estar. Todas estas cartas tienen su historia. Por eso van tan despacio. Hay que esperar a que crezcan. Todo lo vivo que se intenta forzar, se atrofia. Hay que dejar tiempo al tiempo. Y servir a la vida significa, ante todo, saber esperar. Ciertamente, también hay que saber cuándo ha llegado el momento adecuado para intervenir, pues hoy está madura la fruta y hay que cogerla, y mañana puede que ya sea demasiado tarde... Una historia de ese tipo es la que tiene también esta carta. No es casualidad que precisamente en ella haga referencia a que hay que esperar y dejar crecer. Pues de esas cosas es de las que va a tratar. En Niederholtorf, un pueblecito tranquilo situado no lejos del macizo montañoso de Siebengebirge, en mi luminosa habitación, donde nos reuníamos con tanta frecuencia, despertaron por primera vez sus ideas. Después vino una tarde en Werl, en Westfalia; allí cobraron tal fuerza durante una conversación que pensé que tenía que ponerlas ya por escrito, pero aún no había llegado su momento. Me acompañaron al ruidoso Berlín, y volvieron conmigo a Holtorf, después a Rothenfels y Grüssau, y ahora estoy en Potsdam, y me pongo a escribir, pues sé que ha llegado el momento.

Especialmente para esta carta era necesario esperar, pues va a tratar de cosas silenciosas y profundas: del alma. Empleo esta palabra* en el especial sentido que posee en la lengua alemana, en un sentido muy profundo, rico e interior. En una carta anterior hablamos del talante varonil. De que debemos ser intrépidos y andar bien erguidos por el mundo. De que debemos jugar con nobleza y combatir con valentía, y dar una clara configuración a nuestras obras, con mano firme. Hoy vamos a introducir un nuevo tono en todo eso. Hace falta, pues de lo contrario lo que dijimos sería demasiado ruidoso y externo: vamos a tratar del alma. No es que se pueda decir mucho de ella, pero esta carta va a versar sobre algunas virtudes en las que la fuerza del alma se revela de modo especial y el alma misma crece y se fortalece: el silencio, la soledad, el descanso y la espera.

El silencio consiste en algo más que en no hablar. Es una cierta plenitud en sí mismo. Quien habla, gasta. Da de lo que ha conocido, de lo que ha experimentado. La fuerza de su corazón se vierte en la palabra. Sabemos qué cansados puede

* *Seele.*

dejarnos una conversación, qué vacíos podemos quedarnos después de ella. Quien calla, guarda. La fuerza vital que fluye en nuestro interior vuelve a acumularse. El conocimiento se hace más claro; las imágenes interiores, más fuertes. Quien habla, tiene que hacerlo en voz alta. Ha de esforzarse. Da forma a sus ideas, se dirige al otro, desea convencerle, ganarle, superarle. Su interior se pone en tensión para producir efectos a través de la palabra. En cambio, quien calla está tranquilo, desembarazado y libre sin necesidad de proponérselo... Cuando hablamos no escuchamos, no miramos, sino que estamos metidos en la tarea de bregar y dar forma. En cambio, quien calla tiene los ojos abiertos y el oído a la escucha, y su corazón se ensancha. Puede mirar, notar, percibir. Una vez lo experimenté con especial viveza. Varios de nosotros caminábamos por el campo, hablando. Involuntariamente íbamos mirando al suelo a fin de mantener bien asidas nuestras ideas. A nuestro alrededor, los pájaros cantaban, soplaba el viento y se extendían los campos; los árboles se levantaban hacia lo alto, y por encima de ellos se abría el cielo. Pero nosotros no veíamos ni oíamos nada de todo eso. En cambio, cuando vamos solos los ojos y el corazón están abiertos. Vemos los colores y las formas, y percibimos el espacio en toda su plenitud... Solo el silencio nos abre el oído para el sonido interior de todas las cosas, del animal, del árbol, de la montaña y de la nube. La naturaleza se torna roma para el que siempre está hablando. Y solo el silencioso puede oír en las palabras de las demás personas lo que verdaderamente importa; lo que vibra por debajo de toscos conceptos; lo que realmente se quiere decir; el tono que lo envuelve todo y que hace que con frecuencia una palabra tenga un significado completamente distinto del que transmite por fuera... Y solo quien sabe callar oye a Dios. Esa voz baja que nos dice cuál es el sentido de tal desgracia, de tal buen momento, de tal encuentro, de tal suceso aparentemente azaroso. Esa voz baja que en todo ello nos amonesta y advierte: quien no hace más que hablar, no la oye.

Callar no significa estar mudo, desde luego que no. El recto callar es el contrapunto vivo del recto hablar. Va de la mano con él, igual que la operación de coger aire precede necesariamente a la de exhalarlo. ¿O acaso se puede realizar la segunda sin la primera? Al hablar tenemos comunidad, mediante la palabra recibimos y compartimos. Si no dispusiésemos del lenguaje, el mundo interior nos oprimiría. La palabra recta libera. Pero ha de ser efectivamente la palabra recta, y ha de estar en relación viva con el silencio. El silencio es la fuente de la que mana el habla. Se le nota al habla si procede del silencio o no. Lo que procede del silencio es redondo y pleno, como la canción matutina de un corazón reconfortado. Es fuerte y fresco como las flores que crecen en las alturas. Fíjate cuánto más claras son sus formas, qué firmes su tallo y sus hojas, qué profundo y fuerte el color de sus pétalos. Así son las palabras rectas. Hablar degenera en parlotear cuando no le acompaña el silencio. Solo en el silencio fluye la vida, se hace acopio de fuerza, gana claridad lo interior y las ideas y sentimientos toman su forma más pura. Gracias al silencio lo que queremos decir en nuestro interior adquiere su figura esencial y verdadera. La palabra es la encarnación interior del espíritu; el nacimiento a una figura veraz de lo que hemos llegado a ver. En el misterio de la Santísima Trinidad, el Hijo es el «Verbo» o «Palabra» del Padre, pero su procedencia tiene lugar en un silencio tan hondo como la misma profundidad divina. Y «cuando todas las cosas yacían en el más profundo silencio y la noche había llegado a la mitad de su curso, entonces, oh Señor, tu palabra descendió de tu trono real y vino a nuestro mundo», dice la liturgia del tiempo de Navidad.

Solo quien sabe callar rectamente sabe hablar rectamente. La palabra solamente llega a ser plena y clara cuando procede del silencio. ¡Con qué profundidad sentí que el silencio es una plenitud, en una ocasión concreta, a orillas del Meno! Estaba tumbado junto al río, mientras en el valle todo callaba; no cantaba ningún pájaro, no pasaban personas ni carruajes. Todo estaba en silencio, también dentro de mí. Pero, ¡qué riqueza se encerraba en todo! Lleno de vida, de ser, de la gran plenitud que yace en el fondo de todas las cosas.

La soledad es algo más que el mero hecho de no estar con nadie. Es una plenitud en sí misma. Quien sale hacia los demás, se aparta de sí mismo. Se dirige a lo que tiene ahí delante. Mira al mundo de lo distinto de él, se introduce en ese mundo mediante la vista y el oído. En cambio, quien está solo se recoge, «vuelve en sí». ¡Hemos andado tan metidos entre los hombres, en conversaciones, alegres o tristes, en bromas o en disputas, en el trabajo y en el ajetreo de la profesión! ¡Hemos experimentado tantas veces la sensación del que se puso tan «fuera de sí» a resultas de la indignación o de la ira que dice: «ya no sé si ese era yo», «me dejé ir de tal manera que perdí el control!». En esas situaciones hemos pronunciado palabras que de ninguna manera procedían de nuestro verdadero interior, y hemos hecho cosas que después nos parecían haber sido hechas por otro. Hasta que nos hemos decidido a buscar la soledad. Nos hemos apartado de los compañeros, del grupo, de la familia, del ruido del lugar de trabajo, y hemos «regresado a nosotros mismos». Hemos vuelto a vernos a nosotros mismos. Hemos visto lo que habíamos hecho, y oído lo que habíamos dicho: todo a la luz correcta. Hemos vuelto a poseernos. Hemos podido enjuiciar lo que había sucedido, arrojar fuera de nosotros, con actitud reflexiva y contrita, lo que no estuvo bien hecho, y así volver al camino recto. De esta manera, la soledad significa sin duda estar solo exteriormente, pero sobre todo estar interiormente cabe sí. Las personas realmente solitarias pueden estar rodeadas de las demás, en el ruido de la calle, en el ajetreo del trabajo, y sin embargo estar cabe sí. La soledad las rodea como un círculo silencioso que solo deja que penetre lo que tiene sitio ahí dentro. Que alguien tenga claridad sobre sí mismo; que note que es responsable de sus actos; que llegue a ser señor de sí: cuanto significa personalidad despierta en la soledad.

Todo esto no quiere decir en modo alguno que debamos huir de las personas, o que nos sea lícito no alegrarnos de su compañía. La soledad no es miedo a la gente ni desamparo, igual de poco que el silencio significaba mudez. Necesitamos a los demás, pero no debemos correr siempre a sumarnos al rebaño. Incluso, bien miradas las cosas, la soledad y la comunidad se interpenetran igual de estrechamente que el silencio y el habla, que los movimientos de tomar aire y de soltarlo. Solo quien se sienta en casa también en la soledad podrá tener una actitud adecuada hacia la comunidad. Pues comunidad significa poder dar al otro y poder tomar de él; significa que una corriente viva fluya de uno a otro, un movimiento pendular real, de aquí hacia allí y viceversa. De lo contrario no es comunidad, sino negocio, o una mera aglomeración de personas. Pero ¿de dónde surge esa corriente, lo que se puede dar, el respeto, la amabilidad, el amor, la buena palabra, la prestación de ayuda? Solo de la profundidad interior, del corazón que tiene su fundamento dentro de sí. Pues bien, todo eso se abre en la soledad. Y asimismo solo en ella se abren los ojos del alma, la capacidad de acoger y de conservar. Una cosa más: la auténtica comunidad significa que el calor y la cercanía del dar, por grandes que sean, tienen un límite, a saber, que cada uno permanezca con claridad en sí mismo y en el respeto al otro. De lo contrario, no estaremos ante una comunidad, sino ante un rebaño. Pero también ese respeto y esa conservación de la propia intimidad se aprenden en la soledad.

Se le nota a una persona cuándo tiene la soledad tras de sí. Con frecuencia es difícil, muy difícil, perseverar en ella. Hay personas que no pueden tener felicidad alguna ellas solas, que tienen que llevarla a otros; que no pueden superar una pena por sí mismas, sino que tienen que quitársela del corazón hablando de ella. Ciertamente, es bueno que así sea. La felicidad se torna más rica cuando se comparte, y tampoco el sufrimiento pesa entonces tanto. Pero también hay que saber callar. Resistir solo y superar algo uno mismo. Cuando después de estar solos de ese modo vamos hacia los demás, tendremos la fortaleza y la riqueza necesarias para darles cosas.

Vamos a hablar también del descanso, y de que es más que el mero no trabajar, de que es una plenitud en sí mismo. Cuando trabajamos, cuando desplegamos una actividad, cuando aspiramos a algo, nuestra alma se pone en camino, persigue una meta y va dejando tras de sí el presente en pos del futuro. Es cosa magnífica esa acometividad llena de fortaleza. La vida bulle cuando se avanza así, con la mirada puesta en la meta. Pero ¿también cuando eso es lo único que hacemos? ¿Cuando todo se nos va en afanarnos y trabajar? ¿Cuando nuestra alma se queda prendida de una meta situada en el futuro, y tan pronto llega a ella busca de nuevo otra? ¿Cuando apenas hemos salido de un afán se apodera de nosotros otro distinto, y así siempre? ¿Qué ocurre entonces? Lo que entonces ocurre es que nuestra naturaleza pierde su dimensión de profundidad, su fundamento, la base en que se apoya. Todo nos azuza «¡adelante!», pero ahí ya no hay nada que esté vivo, nada que pudiese impulsarnos. La meta se convierte en una mera apariencia, el afán en cacería. Ya no hay posesión, alegría, recogimiento... ¿Quieres ver todo esto encarnado en figuras concretas? Sal entonces a las calles de nuestras ciudades por las mañanas, cuando la gente se dirige a toda prisa a sus ocupaciones. O cuando marchan a sus diversiones, por las tardes, los domingos. En todas partes ruido, en todas partes prisa. ¡Qué espantosa es esa vida espectral! ¿Qué pensará de ella Dios desde su eternidad? Salimos de noche al campo silencioso... quizá subimos a alguna eminencia del terreno, cuanto la rodea queda bajo nuestros pies y nos vemos enteramente libres, diríase que elevados hasta el sereno esplendor de las estrellas, tan saturadas de eternidad, por más que en su duración inconcebiblemente larga sean sin embargo solamente un breve instante ante el Dios eterno. ¿Qué dice ese Dios de nuestro ajetreo? Si fuésemos paganos tendríamos que pensar que se ríe de nosotros. Pero en realidad sabemos que es amor, y le pedimos de todo corazón que se digne contemplar nuestras necedades con mirada compasiva...

Descansar significa dejar de ir a la caza de nuevas metas, de pasar a toda prisa por el instante. Detenerse y permanecer. Tener presente. Mientras el hombre se limita a ir desalado del ayer al mañana, está en poder del tiempo. Pero si sabe descansar, el presente aflora en su alma, y entonces entra en contacto con la eternidad. Saber descansar significa estar abierto a una dimensión de eternidad. Significa haber superado el desasosiego y la prisa. Entonces estamos en condiciones de percibir lo que permanece: el ser. A quien sabe descansar se le han abierto los ojos para lo eterno. Solo él contempla lo permanente, lo esencial. Solo él posee. Solo él sabe qué es la alegría. Solo él sabe qué es la paz. Solo el corazón tranquilo alberga sentimientos profundos y grandes. Solo el corazón tranquilo tiene duración: «No es la intensidad de sus sentimientos, sino la duración de los mismos, lo que determina la categoría de una persona», ha dicho alguien. Pero la duración tiene sus raíces en la serenidad.

Quien sabe descansar, alcanza el sosiego. En su alma se hace la calma, no como una mera interrupción del trabajo, sino como un tono interior que lo atraviesa todo. Como una armonía que todo lo llena.

Descansar no significa estar ocioso. Tanto es así que solo del descanso procede la verdadera actividad. Pues esta tiene su origen en la contemplación de lo eterno; en el contacto con lo que permanece. El descanso es para la obra lo que la tierra callada para la planta. Le da fuerza, plenitud y duración. Es el alma de la actividad, nos hace ricos y fecundos. Y de esa actividad vuelve el alma en busca de descanso. Descansar y actuar, también de una a otra de estas dos cosas van los movimientos respiratorios de la vida. Estas ideas nos llevan a la cuarta, a la espera. También ella es una plenitud en sí misma, y no meramente el hecho de que alguien todavía no haya entrado en actividad. Hay personas que no son capaces de percibir la ley profunda conforme a la cual va surgiendo todo lo que es auténtico. Piensan que se puede hacer todo. Piensan que se puede decir todo, leer todo, hacer todo, disfrutar de todo. Y que cada uno puede hacerlo en todo momento. Las personas que esperan saben que esa es una actitud plebeya. Conocen la profunda verdad de que todo tiene «su tiempo», como dice el libro del Eclesiastés. «Hay tiempo de nacer y tiempo de morir; tiempo de plantar y tiempo de arrancar lo plantado... Tiempo de llorar y tiempo de reír... Tiempo de buscar y tiempo de perder... Tiempo de guardar y tiempo de tirar... Tiempo de callar y tiempo de hablar». ¡Todo! Cada libro tiene su momento, y si lo leemos antes no lo entenderemos, o lo entenderemos mal, o nos dejará confusos. Cada idea tiene su momento. En él está madura y produce vida. Expresada a destiempo, se atrofia o se pierde, o no produce más que males. Cada obra tiene su momento. Trabajar y descansar, alegrarse y estar serio. ¿Acaso no creemos que el Dios sabio ha dispuesto todo con orden y concierto? ¿Acaso no creemos que su providencia se extiende a toda idea, a toda obra y a toda persona? Debemos adquirir, por tanto, la sensibilidad suficiente para saber cuándo es tiempo para cada cosa: tenemos que saber esperar.

El hombre que espera sabe que lo más profundo, lo mejor, no se puede «producir», sino que «surge». Dios lo crea, y la naturaleza, su sierva. A los dos hay que dejarles tiempo y hacerles sitio para que actúen. También esto forma parte del significado de saber esperar. Ciertamente, nada «surge solo»; no nos está permitido quedarnos mano sobre mano, sino que tenemos que cumplir la tarea que nos corresponde, cada cosa a su momento, la palabra recta, la obra recta. Entonces prospera y da buenos frutos. A ese momento preciso es a lo que hemos de estar atentos, y eso implica saber esperar. Esperar quiere decir, así pues, dar vía libre al Dios que crea; vía libre a la naturaleza que actúa. Y al mismo tiempo permanecer a la escucha, obediente al momento preciso. En el fondo significa, por tanto, lo mismo que tener paciencia. De la paciencia ha dicho Nuestro Señor algo maravilloso: «Con vuestra paciencia compraréis la salvación de vuestras almas». No nos poseemos cuando nos apresuramos llenos de impaciencia. Pasamos de largo de nosotros mismos. Estamos en poder de todo tipo de miedos, pasiones y tentaciones. Solo la paciencia nos devuelve a nosotros mismos.

Todo esto ya no está a nuestro alcance, ya no podemos nosotros hacerlo crecer ni madurar. Y, sin embargo, queremos hacer, forzar, empujar todo. En ese intento se va acumulando violencia sobre violencia, personas que se tuercen por haber recibido malas influencias, obras echadas a perder, una vida como de invernadero, que nada más nacer tiene ya la muerte en el corazón. Obras que han sido organizadas mecánicamente, en vez de haber ido creciendo paulatinamente; vida atravesada a toda prisa, más que propiamente vivida, a pesar de que solo tenemos una, y además tan corta. Hemos perdido por completo la sensibilidad para saber cuándo es tiempo para cada cosa. Todos leen cualquier libro en cualquier momento. Todos cantan cualquier canción en cualquier ocasión. Creemos que se puede mantener cualquier conversación en cualquier instante, escribir cualquier carta ahora igual de bien que más tarde: ¡qué desarraigados nos hemos hecho!, ¡qué carentes de hogar son nuestras palabras, qué desubicadas nuestras obras!

Tenemos que volver a aprender a esperar. Dios crea y actúa. Hemos de tener confianza en Él. Hemos de adquirir serenidad; hemos de saber que Él, y no nosotros, es quien hace lo mejor. Y, al mismo tiempo, tenemos que estar preparados para actuar cuando llegue el momento. Tenemos que adquirir la sensibilidad que nos permita saber cuándo es el momento de leer y cuándo el de escribir, el de hablar, el de trabajar o el de alegrarnos, cuándo debemos estar solos y cuándo debemos buscar la compañía de otras personas. Sensibilidad para saber cuándo algo perjudica y cuándo aprovecha, cuándo es suficiente y cuándo demasiado. La sensibilidad para el «ahora».

Ya ves, una vez más, que saber esperar y la acción decidida son dos caras de la misma moneda. La espera permite que la acción venga en el momento correcto, que esté rodeada del entorno adecuado, que despliegue toda su fuerza y alcance su meta. La espera permite que tenga lugar una acción, cosa distinta de que meramente pase algo. Estamos de nuevo ante la respiración de la vida, cuyos movimientos alternativos son la actitud expectante y la acción decidida.

Silencio, soledad, descanso y espera: estos son otros tantos caminos hacia dentro. Caminos hacia aquella profundidad, tranquilidad y fortaleza que denominamos alma.

Y si continuamos avanzando llegaremos a algo todavía más profundo. Voy a limitarme a hacer breves referencias. Llegamos por ejemplo a la pureza. Tampoco ella significa solamente no pensar o no hacer cosas sucias, sino que es una plenitud en sí misma. Significa luminosidad y frescor en todo el ser del hombre, y que en él percibimos aquel fino aroma y aquel sabor fuerte y alegre que tan inconfundible resultan. «Bienaventurados los limpios de corazón, porque ellos verán a Dios». Pero ver es algo que solo se puede hacer desde la fuerza y la apertura del ser.

También está la virginidad. ¿Cuántos la entienden? No significa meramente, digamos, que una persona vaya sola por la vida. Si solo es eso, estamos ante el solterón o la solterona, personas secas, carentes de alegría y que son una carga para ellas mismas y para los demás. La persona virginal tiene plenitud en sí misma y capacidad de dar. Pero da solo a Dios, y al hacerlo permanece joven y alegre. Al hacerlo se torna rica y madura, y adquiere aquella santa nobleza de la que habla el Apocalipsis cuando dice que solamente pueden cantar la canción del cordero quienes son virginales.

¡Y qué decir de aquella pobreza que es bienaventurada y a la que ha sido prometido el Reino de los cielos! Significa ser libre, señor de sí mismo. La verdadera humildad no es servilismo, sino que procede de la fuerza de un corazón noble. De la libertad sabemos que despierta en los hijos de Dios cuando se ponen por entero en manos de Él.

De la paz ha dicho el Señor que es el más precioso de sus dones: «Mi paz os doy, una paz que el mundo no puede daros». Verdaderamente, no consiste en permanecer sentado cómodamente y sin sobresaltos, sino que es suma y cifra de toda plenitud vital y de todo saber acerca de Dios. No en vano dice la Sagrada Escritura que Dios «la hace fluir sobre nosotros como un torrente caudaloso», y San Pablo sabe que «sobrepuja a todo entendimiento»...

Y la fuerza con la que recorremos este camino es el sacrificio. Y a la inversa: sacrificarse no significa solamente entregar, no significa hacer que la vida bella y rica se torne pobre. Significa no disfrutar nosotros mismos de una pertenencia, de una alegría o de una obra, sino elevarla a un mundo más alto, a Dios. Pero en Dios sigue siendo nuestra, solo que transformada, transfigurada, divinizada: «Atesorad tesoros en el cielo, donde ni la polilla ni el orín los corroen y donde los ladrones no horadan ni roban». En el sacrificio alzamos algo precioso, mediante la entrega, hasta ponerlo en manos de Dios; accedemos con alguna posesión o alguna alegría, y finalmente con todo nuestro ser propio, a la vida eterna. Ese acceso parece destrucción, parece pérdida, negación. Y puede ser realmente todas esas cosas cuando es algo forzado, cuando se ofrece de mal humor y a disgusto. En ese caso, roe la vida. Pero si se ofrece con un corazón libre, desde un sí puro, es un ascenso a una vida más alta.

El camino hacia el alma es todo esto. No se trata de blandenguería. ¡Muy al contrario! Debemos contemplar el mundo con mirada despierta, ponernos manos a la obra bien decididos y cumplir con energía nuestras tareas. Pero todo ello debe proceder de una profundidad, de un silencio. Debe haber algo ahí detrás. Soledad detrás de la comunidad. Silencio detrás de la palabra. Serenidad detrás de la decisión.

Porque hoy todo esto se ha perdido en gran parte: esa es la razón de que sea tan horrible lo que nos rodea. Cuando atravesamos la ciudad, en medio del ruido, de un tren a otro, por calles donde todos corren desalados, cuando pasamos delante de tiendas a las que miles de personas lanzan miradas de avidez, tenemos que sujetar con mano firme nuestra alma, para que no nos sea arrancada y quede sumida en todo ese correr, gritar y desear.

Nada ya de silencio; cháchara sin fin. Se habla continuamente, en voz muy alta, con profusión de palabras. De todo se habla, de todo se escribe, de todo se oye hablar. Nada es ya sagrado. Nada es ámbito escondido y de silencio, tampoco lo más digno de veneración. Todo se saca a la luz pública; todo se desteje, se disecciona, sin respeto ni pudor. En los periódicos, en la sociedad, en la sala de reuniones. Tan extendida está la costumbre de hablar por hablar que todos tienen la palabra, y las palabras. Todas las palabras están puestas a disposición de quien desee utilizarlas: las sublimes, las duras, las delicadas, las sabias y profundas, las que sublevan y agitan, todas. Todos los registros están preparados y se utilizan; bueno, no todos, pues una manera de hablar ha sido enviada al limbo de los justos: la enteramente sencilla. Esta no la puede imitar nadie a quien no le salga verdaderamente del silencio de su corazón. Pero todas las demás formas de hablar hacen su ruido de latas, rechinan y rugen, y las palabras cada vez dicen menos, cada vez se tornan más vacías...

Nada ya de soledad. Todos corren a juntarse, en asambleas, asociaciones, organizaciones. Masa en las calles, masa en los hoteles y en las salas de diversiones. Masa en los centros de formación, masa por todas partes. ¿Quién puede todavía estar solo? Y por ello no hay tampoco comunidad. Rebaño, organización sí, pero no comunidad. Solo quien sepa estar cabe sí podrá ir después realmente hacia el otro.

Igual que nadie sabe callar, nadie sabe tampoco descansar. «El tiempo es oro»: pocas frases más infames que esta han salido nunca de boca humana. Como un veneno violentísimo se ha introducido este espíritu en nuestra sangre. Ahora el tiempo pertenece al oro, y el oro quiere que se le reconozcan sus derechos, y no nos da tiempo más que para servirle. No para la alegría, no para pensar, no para los amigos, no para Dios. De este torbellino no sale obra alguna. Todos hablan y escriben de grandes obras, pero ninguna se hace realidad. A lo que en nuestros días asistimos es a una loca carrera de fuerzas desencadenadas, verdaderamente no guiadas por Dios, y no a obra alguna. Las obras surgen solamente de la soledad, del descanso, del saber esperar y del dejar madurar.

«¿De qué le sirve al hombre ganar todo el mundo si pierde su alma?», ha dicho el Señor. ¡Oh, el mundo nos pertenece! Pronto nos habrá entregado la tierra sus tesoros, sus fuerzas y sus venenos. Pero ¡en qué ha parado nuestra alma! Y también por eso Dios nos resulta tan lejano. Pues Dios es un Dios escondido, que habita en el silencio. Bien es cierto que se puede orar en medio del ruido de la fábrica y con un corazón atenazado por las prisas, y Dios está cerca de todas las necesidades, también muy cerca de las nuestras, pero el auténtico hablar con Dios, el auténtico estar junto a Él solo son posibles en el silencio, en la soledad, en la espera, pues «buena cosa es esperar en silencio la salvación del Señor...».

¿Qué debemos hacer? Estas cartas no aspiran meramente a mover a pensar, sino que también quieren ayudar a actuar. Busquemos, pues, un lugar en el que podamos comenzar a actuar: vamos a reaprender a vivir bien el domingo. «Santificarás el día del sábado»: ¿qué quiere decir esto? En el Antiguo Testamento, este mandamiento nos sale al paso una y otra vez. Con un rigor verdaderamente terrible lo inculcaba Dios: a quien quebrantaba el sábado, se le lapidaba. De tal manera que este mandato llegó a hacerse carne de la carne del pueblo judío en tal medida que sigue vivo todavía hoy, milenios después. ¿A qué apunta este mandamiento? El domingo debemos ser libres, y debemos descansar. Debemos liberarnos del trabajo. «Comerás el pan con el sudor de tu frente», dijo en cierta ocasión el Señor. Y San Pablo: «Quien no trabaje, que no coma». Ciertamente, debemos hacer nuestro trabajo de buena gana, pero la divinización moderna del trabajo es un engaño. Sobre todo trabajo, también sobre el más elevado, está puesta la maldición, el castigo. No para trabajar de la manera en que hoy tenemos que hacerlo ha sido creado el hombre. Estaba destinado a la actividad libre y fecunda del Paraíso. En cambio, nuestro trabajo lleva adherido el signo de la servidumbre. «Cardos y espinas» son su fruto; sobre él recae la maldición de la infecundidad interna, una maldición que todos percibimos de algún modo tan pronto dejamos de tomar en serio la embriaguez de la actividad y el ruido de los éxitos. Pero tenemos que hacer nuestro trabajo, es nuestro deber, y si no lo hacemos no nos es lícito comer. En cierto modo, quien come y no trabaja está robando. Ahora bien, de esta ley quedamos libres el domingo. Ese día nos está permitido comer sin trabajar. Y Dios sale garante de que tendremos qué comer aunque no trabajemos. El domingo vamos por el mundo como libres hijos de Dios. El domingo continúa el Paraíso a través de esta historia del sufrimiento.

Y el domingo debemos descansar. Nada de ruidos; descanso. Dios descansó al séptimo día. Eso no implica que antes hubiese trabajado. En estas palabras, «Dios descansó», se revela la infinita profundidad y plenitud de la vida de Dios, de la que había salido la creación; la riqueza, la luz, el silencio y la paz que «sobrepuja a todo entendimiento». De ello debe ser un resplandor nuestro descanso. Una plenitud debe ser nuestro descanso, silencio, tranquilidad y permanecer en un puro presente que no se preocupa del mañana. Y toda alegre convivencia, todo hablar y jugar, caminar y alegrarse, todo lo bello y capaz de alegrar nuestro corazón que ese día nos regale debe ir acompañado del descanso de Dios.

¿No es verdad que ya no tenemos domingo? Nos hemos vuelto incapaces de descansar. El domingo continúan las prisas de la semana, solo que no van encaminadas al trabajo, sino al disfrute. El mismo ruido, el mismo desasosiego. Y los gestos de avidez o de embotamiento están diciendo qué vacío es todo. Pero es horrible que ya no haya domingo. No en vano ha inscrito Dios este mandato tan profundamente en el corazón del hombre. El alma perece sin el domingo. Es protección y fuerza para ella. El domingo es para el alma lo que el aire para nuestros pulmones. Tenemos que volver a hacerle sitio. Para ello tenemos que exonerarlo de cualquier tarea, en toda la medida en que sea posible. No nos es lícito disculparnos diciendo que tal cosa o tal otra están permitidas. No, precisamente esa debe ser para nosotros una tarea excelsa: hacer realmente libre al domingo. En lo posible, tenerlo todo preparado de antemano. Disponer bien las cosas con antelación, para que todo esté limpio, alegre y bonito. Barridas las habitaciones, bien limpias las ventanas, un ramo de flores frescas en la mesa, pulcra la ropa y la persona entera.

Y, entonces, descansar de verdad. Nada de prisas, tampoco en la diversión; que el cuerpo y el alma puedan relajarse. Esto hace falta aprenderlo, pues ya no sabemos hacerlo. Hace falta aprender a no movernos, a callar, a estar en silencio en el presente. Olvidarnos de todo mientras leemos un libro bonito, ¿tienes un libro para los días de fiesta? Olvidarnos de todo contemplando un cuadro bonito, dando un agradable paseo. Nada de carreras; la excursión del domingo por el campo debe ser pausada, tranquila, también cuando sea larga. Darles una alegría a otros, pero una alegría noble... ¡hay tantas! Piensa cómo puedes conformar el domingo para que sea realmente el día de los hijos de Dios. El día en el que el Paraíso atraviesa los tiempos.

Y después tratemos de poner domingo también en los días de labor. Tratemos de conseguir un breve tiempo de silencio, por ejemplo, temprano, antes de la oración de la mañana: lee la carta sobre la oración. Y por la noche lo mismo. Quizá podamos reservar un cuarto de hora enteramente para eso, para descansar como es debido. Al principio será difícil; tenemos que aprenderlo. Al principio, tan pronto queramos sentarnos tranquilamente, los nervios empezarán con su agitación justo en ese momento. Pero no debemos ceder. No violentamente, pero sí con una voluntad que libera y que recoge, digámonos: «Voy a permanecer tranquilo y en silencio. Tranquilo y en silencio precisamente aquí. Nada de salir corriendo, ni físicamente ni con la cabeza. Eso que me tira de la ropa y que quiere hacerme salir de aquí no es en modo alguno tan importante. También puedo hacerlo mañana. Ahora voy a quedarme aquí». Así superamos las prisas y entramos en el presente desnudo y silencioso. Leemos algo bonito, nos abstraemos considerando algún buen pensamiento, contemplamos un cuadro o figura. También podemos acercar la silla a la cama de algún enfermo, o a la madre anciana, o unirnos con el pensamiento a algún amigo que en ese momento esté lejos de nosotros... O meramente permanecer sentados y dejar que por dentro todo esté en silencio...

¿Ves?, en esos breves momentos apoyamos el edificio del domingo. No podremos levantarlo en todo su esplendor sin más ni más: llevamos metida demasiado dentro la agitación de los tiempos modernos. Tenemos que aprender a descansar. De esta manera podremos.

Con esa base podemos seguir avanzando. Lee otra vez lo que dice la primera carta sobre el recogimiento. Aquella breve detención en el curso del día es también «domingo» en medio de la tarea cotidiana. Así vamos recuperando lentamente la capacidad de descansar, la capacidad de silencio, de estar callados y en el presente. Y así vamos adentrándonos cada vez más en el reino de una vida que responde a su esencia propia, en el reino del alma.

Y con esta base también llevaremos a cabo en el mundo cosas más fuertes y mejores que con mil agitadas reformas. El silencio nos enseña la palabra realmente elocuente; la soledad, la fuerza de la comunidad esencial; el tranquilo saber esperar, la obra decidida y realizada en el momento justo.

NOVENA CARTA

ESTADO EN NOSOTROS

Observación preliminar: Esta carta fue escrita en el último período de la república de Weimar, y por esa razón no hace referencia expresa a las cuestiones específicas del abuso de la autoridad estatal y de la obediencia cívica que se plantearon en los años posteriores a 1933. Sin embargo, los pensamientos que contiene acerca de los fundamentos de la verdadera democracia siguen teniendo validez, sin que necesiten modificación alguna, y precisamente hoy nos resultan muy cercanos.

I. K.

Basta escuchar lo que se dice a nuestro alrededor para percatarse de que la mayor parte de las personas ven al Estado como una cosa que les es enteramente ajena. Para algunos es un gran edificio con todo tipo de estancias y departamentos. En él la gente va de aquí para allá, se dedica a sus cosas, tiene sus pasatiempos, vive y muere, sin preocuparse de la gran casa más que para pagar el alquiler que se les exige y así poder seguir viviendo en ella. La casa se mantiene en pie «ella sola». Para otros, el «Estado» es tanto como el conjunto de los funcionarios, de las autoridades, de los que mandan. El resto tienen que ser buenos ciudadanos, es decir, hacer lo que las autoridades ordenen. Unos terceros ven al Estado como un poder hostil; como algo que les hace violencia, que recorta su libertad, que reduce sus posesiones. Mantienen una extraña guerra contra él, tratan de defenderse de él, y piensan que frente a él son lícitos ciertos actos que en otro contexto les parecerían reprobables...

Reflexionemos atentamente, ¿no es semejante Estado una cosa mala, incluso una cosa ridícula? Está ahí, y las personas andan dando vueltas por él, o desarrollan una llamativa lucha contra él, como si este ser, «el Estado», fuese una magnitud independiente y que no les concerniese.

¡Pero de ningún modo es eso cierto! ¡El Estado no vive por sí mismo! Bien es cierto que tiene raíces propias, que su autoridad procede en último término de Dios. Pero ese convencimiento se convierte en un indigno dejarse gobernar cuando lleva a olvidar que el Estado descansa también en nuestras acciones libres. El Estado surge de las obras libres de cada individuo. Lo que cada uno hace de él, eso es lo que él es. En mí tiene sus raíces el Estado, ¡en ti! Luis XIV dijo en cierta ocasión con la arrogancia del monarca absoluto: «El Estado soy yo». En realidad, eso deberíamos decirlo todos. Pero debería ser para nosotros una afirmación que encerrase una profunda responsabilidad. El Estado no es una cosa ya terminada y colocada ahí delante de nosotros, sino algo que está haciéndose constantemente. Se está haciendo, pero no de suyo, como una planta, sino que está siendo hecho. ¿Y quién es el que lo hace? No una instancia impersonal y misteriosa, sino ¡tú!

Bien es cierto que en el Estado tiene que haber un orden, pues de lo contrario todo se desarmaría. Pero ese orden ha de estar encarnado en personalidades que sepan que no imponen sus decisiones a unos simples subordinados, sino que representan el orden estatal frente a hombres libres. Y la obediencia ha de ser prestada no por criados, sino por personalidades que tienen responsabilidad ante Dios. Ciertamente, puede ocurrir que el Estado oprima a los individuos. Es verdad que con frecuencia el individuo debe someterse al bien común. Pero el Estado también ha ejercido mucha violencia, también ha quebrantado derechos del individuo, también ha destruido vida. Los últimos años nos han dado amargas enseñanzas a este respecto. Pero, pese a todo, el Estado es por su auténtica naturaleza una tarea que nos ha marcado Dios, y cuando esa tarea se cumple bien, el Estado es una de las más altas creaciones de la capacidad humana.

El Estado no debe ser para nosotros una máquina que funciona a ciegas. No debe ser una casa rígida que se alza ahí delante mientras que dentro de ella ocurre de todo; tampoco debe ser un mero orden funcional al que se unce la vida. Todo esto lo es en múltiples respectos, y no pretendemos olvidarnos de ello en modo alguno. No es casual que la vida viva que llevamos en nuestro interior se resista a él. Y, sin embargo, no nos es lícito retirarnos de él. Ya no lo es porque en ese caso cae por entero en manos que hacen de él un negocio o un instrumento de su ambición. Pero incluso prescindiendo de ello: debe ser otra cosa distinta, debe ser él mismo algo vivo, el gran objeto que se halla ahí delante de nuestro ser individual personal. Ese edificio colosal, esa enorme vida activa en la que desarrolla su actividad no el individuo, tampoco un pequeño círculo de amigos o una familia, sino el pueblo. Pero ese Estado solo se torna vivo cuando no nos limitamos a dejarlo estar ahí y a que funcione él solo, cuando no lo dejamos en manos de los funcionarios y de los soldados, sino cuando lo hacemos nosotros. Cuando surge vivo de la actitud que tú adoptas. Cuando es «Estado en ti».

Con ello estamos hablando de la tarea cívica y de cómo se debe desempeñar, de la formación cívica, por tanto. De esta expresión se ha abusado tanto que se ha acabado por desfigurarla. La mayor parte de las veces se quiere decir con ella que la gente debería aprender qué es la Constitución, qué leyes hay, qué autoridades y qué tiene que hacer el ciudadano. Todo eso está muy bien, y despreciar ese saber denotaría gran falta de madurez. Una persona en la que percibí por primera vez qué significa realmente trabajar en el Estado me dijo en cierta ocasión: «Me parece indignante que quiera reformar el Estado gente que ni siquiera sabe cuáles son las funciones de un gobernador civil». Estas palabras me vienen con frecuencia a la cabeza cuando leo grandilocuentes proclamas políticas de los jóvenes, y no solo de los jóvenes. En aquel momento me di cuenta con una especial vergüenza de qué cosas tan insustanciales y vacías dicen algunos a fuerza de pura «perspicacia creadora». Verdaderamente, más de uno haría mejor si mantuviese la boca cerrada y procurase enterarse de «cuáles son las funciones de un gobernador civil». Pero en esta carta entiendo por formación cívica otra cosa. Entiendo algo similar a aquello a lo que me refiero cuando en mi libro hablo de «formación litúrgica».

Para que nuestro modo de formar parte del Estado y del pueblo sea el correcto debemos poder ver correctamente, tener un juicio correcto y una mano segura. Debemos tener la actitud política, pero esa es una actitud que no se aprende de libros ni de cursos, sino que se va formando lentamente. Por mucho que un estudiante «haya cursado toda la medicina con ardiente dedicación»*, todavía le falta mucho para ser un médico. No lo será hasta que tenga un saber vivo acerca de la persona sana y de la enferma, acerca de su cuerpo y de su alma. Pero ese saber no reside solo en el entendimiento, pues si así fuese quienes sacan las mejores notas en los exámenes serían también los mejores médicos. Sino que se adquiere en contacto vivo con la persona enferma que se tiene ahí delante. Cuando se posee una mirada que, por detrás de los síntomas de la enfermedad, sabe llegar a la raíz de la misma y percibe cómo el cuerpo está enfermo por influencia del alma y el alma por influencia del cuerpo. Cuando se tiene un fino oído para lo que se dice abiertamente y para lo que solo se susurra, y también incluso para lo que no se dice. Médico lo es solo quien posee la mano sensible que interviene con seguridad, firme y delicada a un tiempo. Quien alberga en su corazón confianza esperanzada y fuerza que cura y libera. Ese es un médico magistral. Ese tiene realmente «formación médica». Y lo mismo sucede con el estadista. El saber solo no basta para constituirle en tal. Ciertamente, el saber es necesario, y quien se pone a tocar los resortes del Estado sin un conocimiento exacto de los mismos es un irresponsable. Pero auténtico hombre de Estado lo será solamente quien adquiera la correspondiente actitud, quien vea qué es realmente «el Estado», quien se dé cuenta de qué beneficia al Estado y qué le perjudica, quien posea una capacidad de Estado que sepa crear, edificar y conservar.

* Goethe, *Fausto*, Primera Parte, Noche, vv. 355-57.

De esta actitud política es de lo que vamos a hablar. Por un lado, porque un día todos nosotros podemos vernos confrontados con las obligaciones de la vida estatal. Después, porque precisamente hoy la cuestión política se ha vuelto especialmente acuciante y nos sale al paso por doquier. Y, por cierto, vamos a hablar de ella una vez más de modo muy sencillo. De cosas grandes, por ejemplo, de cuál es la esencia del Estado, o de cómo tiene que ser la comunidad popular futura, no vamos a hablar mucho. Nos vamos a mantener pegados a las cosas pequeñas. Lo que aquí nos interesa es, por así decir, la lista de materiales y herramientas necesarios para ponerse a trabajar. Hablaremos sin duda del Parlamento, de las autoridades y de las leyes, pero solo para ver dónde residen en lo cotidiano las raíces de esas cosas.

Tomaré lo que se ha mostrado vivo a mis ojos. No me interesa que quede dicho esto, aquello o todo, sino solo una cosa: que te percates de cuál es la actitud correcta. Si la tienes, mirarás a tu alrededor, observarás, y todo encuentro, toda lectura del periódico te permitirá avanzar. Si no la tienes, todo se quedará en mero activismo, disciplina mecánica y truco.

Pero una cosa tengo que dar por supuesta: que no me vas a salir con productos en serie y listos para su uso elaborados en la fábrica del partido, del tipo de los que suelen sustituir a la tarea de pensar: dicotomías del estilo de nacional – internacional, el propio pueblo – la humanidad entera, fiel al Estado – revolucionario..., o como quiera que recen en cada caso las etiquetas respectivas. Hoy en día, todo el mundo lleva preparadas etiquetas de esas en el bolsillo. Abrir los ojos, examinar las opiniones ajenas, reflexionar despacio: todo eso ya no hace falta. Con las etiquetas basta. Preguntar qué efectos tienen en unas circunstancias dadas las palabras, las medidas, los sucesos, es entonces una tarea superflua. Ante cada opinión, personalidad o caso: se echa un rápido vistazo, y ya está. Etiqueta tal y tal. Se pega la etiqueta y a otra cosa. ¡Y qué magnífico que no haga falta pensar! Vamos a no permitir que los partidos nos troquelen el cerebro y que los periódicos nos lo peguen con engrudo.

El sentido más profundo del Estado no es ser útil, sino ser soberanía. Debe procurar, sin duda, que a los ciudadanos les vaya bien. Es decir, del propio bienestar debe preocuparse cada uno, el Estado no tiene que cuidarle ni tutelarle. Pero debe ayudar a los individuos; debe asumir lo que ni el individuo ni la libre asociación de los individuos puedan conseguir. Y debe procurar que en el país reine el orden, a fin de que cada uno pueda hacer su tarea propia. Todo esto es la finalidad del Estado. Pero con ello todavía no hemos agotado su esencia. Además de su finalidad, el Estado tiene un sentido, que es mucho más profundo: ser soberanía. No desde sí mismo, sino desde Dios; debe defender en la vida natural, en medio de todas sus necesidades, fuerzas, pasiones, intereses y acontecimientos la majestad de Dios. Esto no significa que tenga que mantener en pie la moralidad y la religión. Ese es asunto de la conciencia y de la Iglesia. El Estado descansa en la moralidad; la protege en la medida en que debe tener validez en la vida pública, pero no se erige en su representante. Lo que representa es, en las cosas terrenas, la soberanía del Señor supremo. Por el mero hecho de que existe, de que es reconocido. Y hace valer esa soberanía en el Derecho. También el Derecho tiene una finalidad: proteger la libertad, la vida y la propiedad. Pero en un plano más profundo que esa finalidad tiene el Derecho un sentido: precisamente el de que en todas las acciones y en todas las relaciones humanas reine el Derecho. Sin ninguna finalidad ulterior; únicamente porque es Derecho, orden en el obrar de personalidades libres querido por Dios. Tan pronto se desvanece la soberanía del Estado y en él se ve solamente utilidad pública, seguridad y fomento de la economía, muere el Estado esencial. Tan pronto en el Derecho se ve solamente un reglamento funcional, y ya no la soberanía afirmada, muere el Estado esencial. Se convierte entonces en un gran establecimiento comercial e industrial, en una compañía de seguros, en una empresa de seguridad y vigilancia.

Este es uno de los grandes asuntos que se están decidiendo hoy en día: el sentido más profundo del Estado, encarnar soberanía y ser portador del Derecho, se ha ido desvaneciendo cada vez más. Pero con ello también desaparece cada vez más el carácter político propiamente dicho del Estado. Cada vez más pasan a primer plano los fines meramente económicos. Cada vez más se convierte el Estado en un protector de asuntos privados. Pierde cada vez más aquello a lo que debe su naturaleza pública: ser el representante de Dios en el orden natural.

Ser político quiere decir llevar en la sangre lo que el Estado significa. Ser político es querer soberanía. Ver sin hacerse vanas ilusiones cómo la vida entera descansa en la utilidad, la economía y el trabajo ordenado, y sin embargo percibir en todo ello el sentido interno del Derecho. El político lucha por la soberanía y el Derecho. Trata de que estén presentes en todos los objetivos y utilidades que se persigan; de que lo estén a través de esos objetivos y utilidades, e incluso, si no hay más remedio, contra ellos. Quien tiene sentido político percibe con temor, con un estremecimiento airado, cómo va desapareciendo la soberanía del Estado. Siente que está saliendo a la luz un mundo en el que ya no se puede respirar. Un mundo en el que reina la caricatura de la soberanía: la violencia calculadora. Y la caricatura del Derecho: un ordenamiento civil que protege el dinero pero se olvida de la dignidad.

Se podría objetar que los Estados siempre han robado y destruido. Es verdad. También ellos llevan el peso de la culpa original. Pero antes existía una viva conciencia de lo que –para distinguirlo de su «finalidad»– he denominado «sentido» del Estado, por más que se atentase criminalmente contra él. En cambio, ahora esa sensibilidad amenaza con perderse por completo. La soberanía del Estado va desapareciendo. Con esto no quiero decir que carezca de poder exterior. Pero hay otro poder que consiste precisamente en la soberanía misma. En que esa soberanía esté viva en las almas; en que las personas la tomen en serio. Y en que entonces noten también la responsabilidad que conlleva. Pero precisamente esto es lo que está desapareciendo. Ya no se percibe esa soberanía. El Estado se ve en la línea de una sociedad anónima. Ya no se toma en serio. Se pasa por encima de él. Se desprecia su ley; no sólo se transgrede, cosa que ya sucedía antes, sino que ya no se le atribuye valor alguno.

Unas cuantas personas se congregan ante un puesto de periódicos. Ha salido un nueva ordenanza, sobre el precio del pan, pongamos por caso. Una de esas personas lee su contenido, se da la vuelta y mientras se aleja dice a los demás: «¡Cómo nos exprimen! ¡No quieren ayudarnos, lo que quieren es hundirnos!», y se nota que esas palabras encuentran eco en los corazones.

Otros están sentados en un café. La conversación gira sobre la actualidad política, y uno declara con un tono de desprecio autosuficiente: «De todo el Gobierno no hay nadie que valga nada. Cuanto antes lo derriben, mejor», y todos asienten con la cabeza.

En un círculo de hombres de negocios se está hablando de una empresa. Fríamente se discute qué leyes se oponen y cómo se las puede eludir o incumplir. Se da por supuesto que para el hombre de negocios el Estado y sus leyes son algo a lo que solo los tontos le tienen miedo...

Todo esto se escribió en los años malos que siguieron inmediatamente a la Primera Guerra Mundial. Quizá ya ni te acuerdes de ellos. Desde entonces se han producido grandes cambios. Ya no hay ordenanzas sobre el precio del pan ni otras cosas parecidas; pero dejemos estar esos ejemplos, a modo de huella de aquellos años. Y lo que quieren transmitir basta que lo traduzcamos al idioma actual, a lo que hoy se puede leer y ver por todas partes, para que vuelva a ser certero.

¿Por qué carece de vigencia el Estado? Porque no la tiene en el corazón del hombre del puesto de periódicos, tampoco en el del hombre del café, y tampoco a ojos del empresario en cuestión. Porque el primero ha tratado al Estado como su enemigo en un momento en el que el corazón de los circunstantes estaba irritado; porque el segundo lo ha denigrado ante quienes le escuchaban; porque el tercero ha dado sin más por supuesto que el Estado es una cosa tan débil que el interés personal puede pasar tranquilamente por encima de ella.

Cuando esta gente escribe en el periódico, sus artículos son exactamente así: sospechan de todo, destruyen, sin respeto, sin sentido de la responsabilidad. Cuando acuden a una asamblea, quieren oír el mismo lenguaje. Experimentan una alegría destructora cuando se denigra la soberanía del Estado. Si uno de ellos llega como diputado al Parlamento, en sus intervenciones se percibe el mismo tono. ¡Escucha después de una de esas intervenciones las conversaciones políticas! ¡Lee después los periódicos! Te producirá auténtica repugnancia la sucesión de insultos descarnados, de críticas gratuitas. Estamos tan acostumbrados a eso que ya no notamos en modo alguno con qué falta de conciencia se procede. Cómo se juzga sin saber nada de la situación, sin justicia, sin darse cuenta de los daños que se pueden estar causando. Ya no percibimos en modo alguno qué indigno es todo eso y cuántas cosas se maltratan y echan a perder ahí. Cuando esa gente llega a un cargo público, no cree en él. No cree que pueda tener un sentido en sí mismo. No cree en la dignidad del deber. Desempeñan el cargo solamente porque así tiene que ser, o por el prestigio y el sueldo. Y su desempeño del cargo carece de cualquier espíritu constructivo. Con él no pueden encarnar al Estado. Son incapaces de mostrar cualquier dignidad tranquila y natural. Y es que no la tienen, sino que ven su propia actividad como la atención a un negocio cualquiera, o se fuerzan a adoptar una dignidad que no les va y que solo sirve para irritar a los demás. El Estado nos sale al encuentro en sus representantes. Pero encarnar la soberanía viva del Estado en el propio cargo, con sencillez y naturalidad, es algo que solo puede hacer quien la afirme vivamente. Y si en cambio alberga aquella actitud escéptica o destructiva, el Estado será para él algo que se puede derribar de hoy para mañana, una cosa tonta y débil por encima de la que se pasa: para él, el Estado adquiere realmente esos rasgos.

¿Pero es que no es lícito combatir lo que a uno le parezca erróneo? Desde luego, y con fuerza. Pero con el «sí» por delante, y no con el «no». Primero el «sí», como reverencia y disposición a cumplir el deber, y después ya puede venir el «no» de la crítica. Y si se ejerce esta, antes hay que estar seguro de que se sabe de qué se trata. Distinguir, no generalizar. Separar las personas de las cosas; el abuso, de la institución tal y como está pensada de suyo. Quien critica así, tiene siempre detrás del «no» el «sí», y su «no» va en serio. Se percibe entonces a través de la crítica la voluntad de Estado, el sentido de la propia responsabilidad, y se confía en él. También esto forma parte de la crítica constructiva: saber hablar en el momento preciso, y saber callar en el momento preciso. Hablar en el lugar adecuado, y de las personas de las que se debe hablar, y ser capaz de darse cuenta de los daños que pueden producir las palabras. Quien tenga tal disposición interior alberga una actitud política. Quien actúa de esa forma tiene el Estado en sí.

Tiene el Estado en sí quien se sabe responsable de la honra del mismo. Quien actúa y habla de tal manera que la mantiene en pie, la protege, la hace valer. Planta cara a la injusticia y critica lo equivocado, qué duda cabe. Pero tiene que hacerlo por el Estado mismo, pues de lo contrario no estaríamos ante una voluntad moral de Estado, sino ante una mentalidad servil e irresponsable. Por detrás de cualquier crítica han de estar el respeto y la sensibilidad suficiente para saber cuándo, dónde, cómo y delante de quién hay que manifestar la crítica a fin de que edifique y no destruya.

Pero tenemos que adentrarnos aún más en lo cotidiano. La actitud correcta ante el Estado no se revela solo cuando lo que está en juego directamente es el Estado mismo, sino ya dondequiera que tengamos a la vista algo que comporte un derecho, una validez, una honra. Así pues, ante la familia. Ante el centro educativo al que acudamos. En la vida profesional ante los superiores legítimos, etc. Ya ahí se muestra si tenemos el «Estado en nosotros» en el sentido decisivo, o si por el contrario carecemos de él y en esa medida somos como apátridas. Si en el padre y la madre, en el profesor, en el jefe solo vemos a un contrario, y si nuestras palabras adquieren enseguida ese tono hostil que se puede oír por doquier... Si nos alegramos de cuanto les hace quedar mal... Si de antemano damos por supuesto que esas personas son envidiosas, limitadas, tiránicas, estrechas de corazón... Si en toda nuestra conducta se trasluce una superioridad despreciativa... Si es eso lo que sucede, nos falta «Estado». Si es eso lo que sucede, nos falta actitud política. Si es eso lo que sucede, actuaremos de modo profundamente destructivo en todos los asuntos que conciernan al Estado. O, por el contrario, puede que, sin dejar de ver los defectos y graves insuficiencias, percibamos también: «Detrás de todo eso hay algo que no nos es lícito hundir. Algo que tiene que mantener su vigencia». Y entonces defenderemos ese algo. En todas nuestras crítica se traslucirá una afirmación. Toda censura encerrará un reconocimiento. Entonces tenemos «Estado en nosotros». Entonces construimos. Y si llegamos a la vida política propiamente dicha, sabremos encontrar la misma actitud también frente a las grandes cuestiones que conciernan directamente a la vida del Estado.

Política significa que el pueblo actúa. Pero ¿qué es «el pueblo»? Las personas, con todo lo que son, en cuerpo y alma, con su peculiaridad específica. Lo que les viene del suelo y del país; su vida de trabajo, su profesión; lo que han sufrido y experimentado en el pasado; la imagen y el poder del lenguaje; los usos y costumbres, los cuentos y las leyendas; la manera que tienen de vivir, de construir sus casas y de tratarse... Esto, y muchas cosas más, es «el pueblo». Y el pueblo está interiormente trabado por aquella fuerza primigenia que hace que todo eso no sea una acumulación de particularidades, sino precisamente unidad viva. Pero ese pueblo todavía no puede actuar. Está, por así decir, atado; sus movimientos son lentos y pesados. Un pueblo solo puede actuar cuando adquiere movilidad y una estructura bien articulada. Cuando las múltiples percepciones, deseos y capacidades se conjuntan. Cuando ese todo adquiere algún rasgo común, una voluntad, un brazo o una mano: precisamente eso es lo que tiene lugar en el Estado. En el Estado, el pueblo se torna capaz de actuar; capaz de tener historia.

Como es natural, las distintas épocas tienen cada una el Estado que les es más adecuado. En tanto el hombre siga viviendo en las grandes vinculaciones globales, el Estado seguirá apoyándose en su gobernante, quien lo dirigirá junto con sus asesores. Cuando se trata de un gobernante recto, el pueblo sabe que se reconocerán sus derechos: el gobernante administra la causa del pueblo. En la medida en que el individuo se va independizando, quiere participar él mismo en el Estado. Surgen así aquellas formas de la vida estatal en las que el individuo se hace notar con más claridad. El sentido del Estado estriba en que en él el pueblo llegue realmente a actuar. El modo de ser específico del pueblo debe expresarse en la forma del Estado; la voluntad del pueblo ha de reflejarse en la tareas que emprenda el Estado. Que un pueblo actúe en el

Estado, que el Estado actúe como forma viva del pueblo: así se construye historia.

¿A qué apunta ese actuar del pueblo en el Estado? Quiere existir, vivir, desarrollar su vida conforme a su propio modo de ser. Política significa que un pueblo vive en el Estado, actúa en el Estado. Y que actúa no, profundamente no, para hacerse rico, o para hacer determinadas obras, por más que todo eso también tenga sitio ahí. ¿Cómo se llega a esa unidad del actuar? Estamos ante un pueblo real y un Estado real cuando la opinión y la voluntad del pueblo salen a la luz. Cuando las capacidades que en él residen se despliegan. Cuando no gobierna un solo individuo, o una clase, o funcionarios o diplomáticos, sino que entra en movimiento la colectividad entera, con una eficiencia común y viva como resultado. Cuando el Estado en cuestión es realmente la forma de esa especial vida del pueblo. Cuando los individuos participan en la vida de ese Estado y se saben responsables de él. Cuando el Parlamento sirve para que se pueda hablar abiertamente, para que se formen la opinión global y la voluntad global, y las autoridades para aunar las fuerzas dispersas. Cuando el político rector sabe que su actividad se basa en el todo del pueblo y él por su parte ayuda a ese todo a actuar, y cuando el pueblo sabe que tiene necesidad de esos individuos decididos y activos, los reconoce y pone su confianza en ellos. Actuar políticamente significa actuar de tal manera que aparezcan un pueblo como ese y un Estado como ese.

Grandes metas son estas, y vemos qué lejos estamos de un pueblo y de un Estado como esos. ¿Por qué? Porque todo se queda en generalidades, discursos y entusiasmos, y todo envuelto por la niebla. Porque no nos acercamos al punto en el que puedan convertirse en obras. En el que estemos ante un campo de realidades en el que del objetivo marcado y de la idea salgan obras y formas.

El Parlamento está celebrando una sesión. Cosas importantes figuran en el orden del día. Un diputado expone sus tesis. Después habla uno del partido opuesto y pone por el suelo todo lo que dijo el primer orador. Sin someterlo a un examen objetivo. Sin esforzarse ni lo más mínimo en entenderle bien. Se dedica a soltar sapos y culebras; arranca frases de su contexto; exagera tesis y juicios; se burla de la actitud del contrario, o sospecha de ella. Tan pronto lo permite el turno del uso de la palabra, el atacado responde, y, por cierto, en el mismo tono, solo que con unos grados más de dureza. Otros le interrumpen, y puede ser que lo que dicen no tenga absolutamente nada que ver con el tema tratado, sino que sacan de improviso otro por entero distinto, hasta que después de unas cuantas intervenciones es imposible saber de qué están hablando realmente. O toman partido por este o por aquel, y al final reina una gran confusión, y acaso el intercambio de pareceres al que el pueblo ha enviado a las personas en quienes ha depositado su confianza acabe en un barullo espantoso.

Sentimos vergüenza al leer cosas semejantes en los diarios de sesiones. Pero en ellos se pueden encontrar cosas todavía peores. Se palpa la ignominia. ¿Quién ha enviado a los diputados al Parlamento? ¡Nosotros! ¡Es a nosotros a quienes se supone que representan! Por tanto, es también a nosotros a quienes deshonra su modo de comportarse. Y aún percibimos más: cuando sucede algo así, es que no hay pueblo ni hay Estado. No se responde a las cuestiones que preocupan al pueblo, no se abordan sus inquietudes y necesidades. No se le permite desplegar sus capacidades. No se habla, escucha, sopesa, a fin de obtener una comprensión más profunda de los asuntos mediante la colaboración de todos. Sino que estamos ante el obstinado querer tener razón de individuos cortos de miras, carentes de todo rigor consigo mismos y que no se esfuerzan en entender bien al otro. De ese modo, no se llega a unidad alguna. Cuando es así como están las cosas, no hay más que ruinas. No se cristaliza la voluntad del pueblo. No salen a la luz los distintos intereses y corrientes, no miden sus fuerzas, no ponen en una común balanza sus respectivos pesos hasta que con la reflexión y el rigor de cada uno se obtiene la voluntad de todos. No confluyen las distintas corrientes y fuerzas en una resultante potente y encaminada en una clara dirección que pueda abrirse paso hacia delante y en la que esté actuando el pueblo. No vemos sino un penoso forcejeo sin claridad ni rigor.

Aquellos dos que se enfrentaron habrían debido ser «pueblo». Para eso se les había enviado. Defendían puntos de vista diferentes; nada más natural. Uno representaba a los agricultores, otro a los trabajadores de la industria. Pero cada uno habría debido ser consciente de esto: «Estoy aquí para servir a todo el pueblo, y mi contrincante lo mismo. Vamos a averiguar juntos qué es bueno para este pueblo. Y lo que en él vive vamos a hacerlo confluir en una sólida obra». Eso habría sido pueblo y pueblo en el Estado. Pero lo que han hecho es malbaratar Estado, destruir Estado. No, todavía peor: no han tenido ninguna de las dos cosas, ni Estado, ni pueblo. Quienes ahí andaban a la greña eran sencillamente gente, nada más. No estaban integrados juntos en un orden de rigor, razón, justicia y voluntad creadora, todo lo cual significa «Estado». Han actuado como apátridas, como personas sin Estado y sin pueblo. Como bárbaros, habría dicho un griego. Cada uno tenía al otro de antemano por ignorante, tonto y malo, pues de lo contrario no habría podido hablar como lo hizo. Esos son los ojos con los que los dos se han mirado, esos los pensamientos que han pensado, esas las palabras que han pronunciado. Y el resultado ha sido que han arrastrado a otros muchos a esta falta de Estado y de pueblo, es decir, a esta barbarie.

¿Por qué no hay una gran convicción común en nuestro pueblo? ¿Por qué no hay una voluntad grande y común? Existen muchas razones para ello. Esta es la que aquí más nos interesa: porque el diputado X y el diputado Y han hablado entre sí de esa forma en el Parlamento. ¿Por eso? ¡Sin duda! Pues probablemente esos dos diputados no hablen así solamente hoy, sino también mañana, y la semana que viene, y durante todo el período de sesiones. Y por desgracia no solo los diputados X e Y, sino también los que podríamos designar con otras muchas letras del alfabeto. Y no son solo los diputados quienes así obran, sino partidos enteros cuando hablan entre sí. Tampoco entre funcionarios es enteramente infrecuente esa actitud; de ello dan testimonio su correspondencia interna y sus reuniones. Y si entramos en el mundo del periodismo, con frecuencia tendremos la impresión de que más de uno basa su relación con los demás en el empleo de sus uñas y de sus dientes... Por eso no hay pueblo ni Estado.

Pero sigamos con nuestro diputado. Cuando se elige a uno, ¿cuál debería ser su primera reflexión, su más fundamental convicción? Esta: «Me ha enviado aquí no solo mi partido, sino todo el pueblo. Tengo que cooperar a que en el pueblo se llegue a una convicción correcta y viva acerca de lo que es honroso y útil. A que en el pueblo aparezca una voluntad clara y bien consciente de sus metas. A que viva y actúe en el Estado con un espíritu bien despierto y poniendo en juego todas sus capacidades. Pero no estoy solo en este empeño. Otros también lo albergan. Mis convicciones no son las únicas que hay. Tampoco las de mi partido. Existen otros. También ellos han enviado a sus oradores, y cada uno de estos representa asimismo al pueblo entero. Cada uno de ellos aporta su experiencia; cada uno ve cosas correctas; cada uno tiene limitaciones y se equivoca. Y mi tarea consiste precisamente en reunir toda esa abundancia de conocimientos, objetivos y voluntades en una unidad viva, en el conocimiento del pueblo, en la voluntad del pueblo...». ¡Así es como debería pensar! El Estado debe ser obra nuestra; no solo una caja en la que se nos ha metido. Pero debe ser obra de todos nosotros, no solo de un partido. La tarea de un diputado es semejante a la de un arquitecto. Ha de querer entender lo que viene de enfrente. Pues también ahí habla «pueblo». Tiene que buscar la unión, y cuanto mayor sea la oposición que note, tanto mayor le parecerá la fuerza de que se dispone para levantar la bóveda que ha de cobijar a todos.

Tan pronto choque con una actitud opuesta, se decidirá si él es realmente político, arquitecto del Estado, herrero que forja la voluntad del pueblo, o por el contrario un ramplón chapucero, un escritorzuelo o periodistilla de baja estofa, un servidor de intereses particulares y de pequeñas vanidades. Se decidirá entonces –si se esfuerza en comprender, en hacer los necesarios distingos, en colaborar– si ve en el de enfrente el muro contrapuesto al suyo en el que se apoyará la bóveda común y con el que forjará la unidad. O bien si, por el contrario, en el de enfrente ve ya de entrada a su enemigo, y quiere derribarle a golpes, ponerle en ridículo, dar a entender que no le mueve la buena intención. Si es esto último lo que hace, no es un político. No construye Estado. Permanece en el nivel de la fuerza bruta, de la barbarie, por más que tenga todas las leyes en la cabeza y conozca todos los trucos de la política pequeña. Pero si hace lo primero, estará construyendo Estado. Sí, en ese caso, entre él y su contrincante hay ya «Estado», y a través de ellos vive ya el pueblo en el Estado.

¿Significa esto que tengamos que estar de acuerdo con todo? ¡Qué frecuentemente nos salen al paso tesis falsas, con qué frecuencia vemos con toda claridad que las cosas son de un determinado modo y que el de enfrente se niega a reconocerlo! ¿Debemos acaso plegarnos a él? ¡De ninguna manera! El resultado es evidentemente la lucha. Y siempre la habrá, pues siempre habrá tesis falsas a las que tendremos que plantar cara. Pero, un vez más, existe una diferencia esencial entre si lo hacemos desde el no o desde el sí. Entre si pensamos ya de antemano en refutar al otro, o en entenderle y en juzgar con justicia. Entre si partimos de una comunidad última con el otro, a saber, de la voluntad común de Estado, o bien nos consideramos a nosotros mismos, y a él, como individuos hostiles y a los que nada une. Se cuenta de un gran político que tenía una manera muy peculiar de enfrentarse a sus oponentes. Primero les oía con mucha atención, después se levantaba, extraía todo lo que había de correcto en las palabras del contrincante y señalaba incluso él mismo algún punto que apoyaba las tesis del otro. Tras haber reconocido de ese modo cuanto era valioso, tras haber convencido al contrario de que le tomaba totalmente en serio, y tras haber tendido así un puente hacia él, venía el famoso «pero». Formulaba entonces su réplica, clara y convincentemente. A ella podía responder el contrario sin irritación alguna, se veía obligado incluso a responder así para no parecer poco noble. Y así, de una colaboración realmente objetiva, de una pugna creadora entre concepciones opuestas, iba obteniéndose lentamente la unidad: Estado. Pues por la boca de ambos contendientes había hablado un pueblo que estaba vivo y buscaba la unidad.

Quien lleva en la sangre el convencimiento de que el Estado nunca descansa en personas concretas con su respectiva unilateralidad, o en un partido solo con su orientación específica, sino que más bien es aquella cosa tan peculiar, aquella bóveda que se apoya precisamente en la contraposición de tensiones enfrentadas; quien sabe que el pueblo nunca habla por la boca de un individuo aislado, sino solo a través de la multiplicidad de concepciones vivas de personas dotadas de firmes convicciones; quien sabe que «Estado» es aquella cosa grande, ancha y fuerte que crece de los opuestos mediante la acción creadora, y «pueblo» aquella cosa profunda y amplia que se despliega en ellos y quiere estar reunida por la fuerza constructiva en la unidad del Estado; quien comparece frente a todo oponente de tal modo que entre ellos enseguida vive «pueblo» y crece «Estado»: ese tiene actitud política[1].

[1] Una observación. Puede que alguien objete: ¡eso es democratismo! De ahí no saldrá Estado ni pueblo alguno. Tampoco auténticas acciones ni obras. Esas cosas no se pueden construir allegando opiniones y voluntades de muchos, sino que las hace el individuo dotado del conocimiento y de la fuerza necesarios. Todo lo grande procede del individuo. Es un error de un romo parlamentarismo pensar que de elecciones, negociaciones y compromisos pueden surgir auténticas obras y acciones...

Todo eso ya lo sé. Más abajo hablaré de lo que ese modo de ver las cosas tiene de correcto. Pero no pienso lo que esa objeción critica. Me estoy refiriendo aquí a lo que todos pueden hacer en todo momento. De la actitud

He hablado de diputados. Pero ¿sabes?, ese hombre que ocupa el escaño de diputado es el mismo que acaba de discutir en la calle con un conocido suyo. Y también el mismo que hace unos días hablaba de negocios en casa con su socio. ¿O es que crees que se transforma en una persona diferente tan pronto atraviesa las puertas del Parlamento? Cuando en una conversación privada nada más escuchar una opinión contraria a la suya se pone a atacarla y trata de arrinconar y de hacer menos a quien la defiende, tendrá que soportar que le digamos, por mucho que pretenda haber mamado la sabiduría política desde la cuna, que no sabe de una verdadera actitud política más que de oídas. En cambio, otro diputado puede que no esté muy al tanto de los secretos de partido y que no tenga acceso a las famosas «fuentes generalmente bien informadas» en las que uno se entera de todo. Pero si cuando le sale al paso una opinión ajena le presta oído y se esfuerza por entrar con quien la defiende en una relación de colaboración, ensancha su mirada y, manteniendo inflexiblemente sus auténticas convicciones, busca ante todo lo común, entonces tiene actitud política. En él están actuando el pueblo y el Estado.

---

que todo el mundo está obligado a tener. Solo ella crea las condiciones para que el individuo encuentre comprensión y seguidores.

Y después: no caigamos en la embriaguez del culto al genio. Sencillamente no es cierto que solo el gran individuo crea, sino todo individuo. Cada uno según sus capacidades, desde luego. Y de todo individuo, de ti y de mí, por lo tanto, es de lo que yo hablo. Si algún gran hombre me escucha, que dé un paso adelante y muestre de qué es capaz. Pero nosotros no vamos a despreciar nuestras pequeñas aptitudes por apelar al gran hombre, y tampoco vamos a hurtarnos a nuestro pequeño pero, dada nuestra modesta capacidad, difícil deber autoengañándonos con esas grandilocuentes teorías sobre el genio.

Estado en nosotros: con nuestros amigos, con nuestros padres, con nuestros hermanos, con nuestros compañeros de clase, en el grupo, en los negocios, en la fábrica... ¡Ahí es donde se decide todo! Pues las cosas son sencillamente así: el Estado no tiene su origen en el Parlamento y en las autoridades, sino ya en el patio del centro educativo, en la familia, en la tertulia, en los negocios. Quien no lo edifique en estos últimos lugares, mucho me temo que tampoco lo hará en los primeros.

Otro punto de vista: el Estado se compone de personalidades. Pero la personalidad es cosa interior. Tiene dentro de sí un mundo que los demás no pueden percibir, al menos no hasta el fondo. ¿Cómo pueden formar un Estado si cada una permanece recluida en sí misma? Estado significa que cada uno de nosotros no viva únicamente en su interior, solo consigo mismo, sino también en la esfera de lo público, junto con los demás. Estado es vida pública, aquel ámbito en el que todos están y actúan, en el que habla la totalidad, en el que se mueve «la cosa pública», lo suprapersonal.

¿Cómo surge ese ámbito? Diversos puentes nos unen a cada uno con los demás. La sangre y sus lazos, el destino común, el país, las necesidades generales, la obra a la que todos colaboramos, las empresas económicas y espirituales que se imbrican entre sí, etc. Pero un puente es el principal de todos: el idioma, la lengua común. La lengua hace que cada uno sepa lo que el otro piensa en su interior. La lengua es el puente que une dos interioridades. En ella se revela también lo público del Estado. La lengua es comunidad. Es una de las fuerzas que crean pueblo y Estado. Hace que exista un ámbito común en el que los hombres puedan estar y actuar.

Pero ¿qué sucede cuando la lengua ya no es segura? ¿Cuando ya no revela el interior? ¿Cuando engaña? Reflexionemos sobre tres ejemplos especialmente fuertes de qué significa la palabra: la promesa, el juicio y la opinión pública.

Sobre todo, la promesa. La persona es libre. Puede tomar decisiones, y puede modificar su camino. Esto es lo que hace que nuestra relación con el otro sea tan peculiar que nunca sepamos con seguridad qué hará él. Del sol sabemos que mañana saldrá igual que lo ha hecho hoy. Del agua, que fluirá siempre río abajo. En cambio, en el hombre hay algo que impide toda predicción: la libertad. Existen algunos indicios, como las necesidades y costumbres humanas, las peculiaridades típicas de cada carácter, etc. Con esa base podemos prever muchas acciones con gran probabilidad. Pero nunca con seguridad. Todo puede suceder de otra manera. Una cosa resulta entonces de gran importancia: el hombre puede atarse a sí mismo. Cuando empeña frente a alguien la honra de su personalidad, afirmando que actuará de tal modo y no de tal otro, se está atando a sí mismo. No mediante la coacción, sino mediante la libre autoobligación. Y así lo expresa mediante la palabra. En ella revela al otro que se ha atado: en la promesa. La promesa hace que el otro pase a estar seguro de él. El otro sabe que él podría actuar de otro modo, pero que no lo hará, puesto que se ha atado. Cuando la promesa viene de los dos, estamos ante un contrato. Promesas y contratos crean un terreno firme entre dos personas.

Así es como la palabra contribuye a la creación del Estado: mediante las promesas y los contratos. Por ejemplo: dos partidos discuten un asunto público. Llegan a un acuerdo, y determinan así una clara trayectoria futura. Sobre esa base ya se puede trabajar. O una delegación de los trabajadores visita al ministro y le expone un problema. El ministro promete que se solucionará. Ahora sabe la gente a qué atenerse. Dos Estados mantienen conversaciones y suscriben un tratado. Por ese tratado se regirán desde ese momento sus relaciones recíprocas, etc. Todo esto funda Estado: que una promesa dada sea válida, un contrato firmado seguro. Ahí se atan personas libres y crean entre ellas algo sólido, formado por la lealtad y la confianza y que se revela en la palabra.

Pero ¿y si la palabra engaña? Mira a tu alrededor. Piensa en lo que les pasa a los tratados durante las guerras, antes y después de ellas. Tratados rotos al comienzo, durante y al final de la guerra. ¿Qué valor tienen las promesas políticas? ¿Las de un Gobierno? ¿Las de un partido? ¿Podemos confiar en la palabra dada? ¿En los contratos firmados? ¿Podemos confiar realmente en ellos? Por eso no hay Estado, porque en nosotros hay tan poca lealtad y tan poca confianza. Porque no podemos fiarnos de la palabra.

¿Dónde están las raíces de la palabra que crea Estado? ¿En la vida diaria? Cuando dos comerciantes firman un contrato, y ya mientras lo firman cada uno está pensando cómo podría interpretarlo de manera que no le atase, los dos están destruyendo Estado. No directamente, pero sí en sus raíces. Cuando alguien promete algo a un conocido suyo y no cumple lo prometido, pudiendo hacerlo, está destruyendo Estado. Todos podemos contribuir constantemente a que los contratos y las promesas tengan validez, y a que así se vaya formando entre los individuos un terreno sólido sobre el que sea posible levantar comunidad: entonces hacemos que la capacidad creadora de Estado de la palabra se fortalezca. Pero también podemos contribuir a la desvalorización de la palabra, y a que, por tanto, las promesas y los contratos se vuelvan frágiles: en ese caso estamos destruyendo el terreno común.

Otro significado de la palabra: el juicio. Con él, uno dice al otro: el suceso de ayer merece tal valoración. O bien: la persona «X» tiene tal característica. «Y» es bueno, o trabajador, o un inútil, etc. Y el otro escucha, cree lo que se le dice y actúa en consecuencia. También aquí ha creado la palabra algo sólido. Uno ha dicho a otro su opinión, y este le presta crédito.

Es clara la relevancia de todo esto para el Estado. Cuando los testigos declaran ante un tribunal: ahí se apoya la sentencia del juez. Cuando en el Parlamento las comisiones de expertos elaboran un dictamen: con esa base se promulgan leyes. Cuando en un asunto difícil un partido quiere salir de dudas: encarga a alguien que se informe, ese alguien expone cuál es la situación, y la decisión se toma con arreglo a lo que él diga. Las autoridades se cercioran de la eficiencia de un funcionario, y según eso le dan un destino u otro. Los embajadores emiten sus informes sobre la situación política de los distintos países, y en esos informes se apoya la política exterior. Los diputados hablan de lo que sucede en sus circunscripciones, etc. Siempre lo mismo: los juicios sientan las bases de la acción. Se exponen situaciones, se valoran capacidades, se sopesan dificultades, y con arreglo a ello se actúa. El correspondiente órgano político da por supuesto que ese fundamento es firme, que los hechos se han visto correctamente, que las circunstancias se han enjuiciado con acierto. Y el Estado trabajará tanto mejor y con mayor seguridad cuanta mayor sea la exactitud con la que se reproduzca la situación real en todas esas afirmaciones. De esa manera la política interior y la exterior podrán ver la metas con claridad, tomar las decisiones correctas, elegir los medios apropiados y situar en todas partes a las personas adecuadas en los lugares adecuados.

Por último, la opinión pública. ¿En qué consiste? En la opinión media de los ciudadanos, o de la población de una zona, o de los súbditos de un Estado sobre un determinado asunto: sobre tales personas, sobre otros pueblos, sobre acontecimientos, dificultades, etc. La política de un Estado será tanto más segura cuanto más fiable sea en el mismo la opinión pública, es decir, cuanto más correctas sean por lo general las apreciaciones de la gente de cómo son las cosas, cuanto más objetivo sea su juicio y más de fiar sus palabras. En estos últimos años hemos visto cómo en momentos difíciles todo dependía de eso. En la opinión pública se apoya el Gobierno, y ella lo vigila y lo corrige.

¿Qué ha sucedido realmente en este terreno? ¿Por qué comenzó la guerra? ¿Por qué se perdió? ¿Por qué el enorme esfuerzo desarrollado, las aptitudes, los talentos y la capacidad de sacrificio que se pusieron en juego terminaron en ese desastre? Hay muchas razones. Pero esta es, sin duda, una de ellas: porque no se vieron correctamente las circunstancias reales que se daban en el mundo, en el propio país y entre los enemigos. Porque nuestra estimación de su fuerza era errónea. Porque existía una imagen falsa del ambiente y del estado de los ánimos en el mundo de ahí fuera. Porque tampoco se estimó correctamente la propia capacidad.

¡Y cómo se afirma y se juzga en la opinión pública! ¡Con qué ligereza se hacen declaraciones, se redactan informes, se emiten juicios! ¡Cómo se desfigura, cómo se falsea, cómo se destruye la honra ajena! No hay fe ni confianza. Las declaraciones y los juicios deben crear un terreno firme. Sin duda que hay que ir con cuidado, pues todos podemos equivocarnos, y también puede ser que alguien tenga mala voluntad o que mienta. Pero lo primero debería ser la confianza. Sin embargo, sucede justo al revés. Se da por supuesto que no hay que fiarse. Y no fiarse de nadie, ni de los de arriba ni de los de abajo. Especialmente terrible resulta la poca fiabilidad de los juicios y afirmaciones de la prensa. ¡Qué barata se vende en ella la palabra! ¡Con qué despreocupación se afirma, se juzga, se miente y se calumnia!

En ese ambiente, el Estado no puede subsistir. Ahí la palabra queda destruida. Quedan destruidas las afirmaciones que deberían comunicar al otro la verdad y revelarle hechos con base en los que él pudiese actuar. Quedan destruidos los juicios que podrían darle una orientación o proporcionarle un punto de partida. Queda destruida la opinión pública, pues ella significa que las afirmaciones y juicios resultan fiables en su conjunto. ¿Quién tiene la culpa? ¡Todos! ¡Tú, yo!

Cuando te enteras de que el embajador en un país extranjero envía a su Gobierno informes elaborados con negligencia, y que por esa causa el Ministerio de Exteriores actúa de modo inadecuado, dices que el embajador ha perjudicado al Estado. Pero cuando tu jefe te encarga algo en el trabajo y le das una información poco contrastada, tú estás haciendo lo mismo. Pues si fueses embajador informarías al Gobierno exactamente igual que has informado a tu jefe. Nos indignamos cuando un diputado efectúa en el Parlamento afirmaciones gratuitas, pero cuando en una asamblea o en una reunión emitimos un juicio sin estar seguros de su corrección estamos haciendo lo mismo que él. Y si mañana nos hiciesen diputados o asesores ministeriales, obraríamos exactamente igual. La opinión pública la hacemos nosotros. Cuando contamos de alguien algo que no es cierto; cuando le juzgamos sin estar seguros de lo que decimos; cuando difundimos un rumor sin comprobar qué tiene de verdad, estamos destruyendo la opinión pública. Y tenemos parte de culpa de que en el momento decisivo no exista una auténtica opinión pública, y de que por ello ocurra algún desastre.

Alguien puede pronunciar brillantísimos discursos e idear las leyes más eficaces, pero si presenta informes erróneos, juzga con ligereza, desfigura los hechos o pone en peligro la honra ajena, está comportándose en el campo de la opinión pública como un salteador de caminos. Y está destruyendo el Estado. Quien defrauda la fe en él depositada e incumple promesas y contratos, quien hace que la opinión pública sea poco fiable, es un enemigo del Estado, ya sea una persona privada o un alto funcionario, y pertenezca al partido al que pertenezca.

Unas cuantas observaciones aún, para que reflexiones sobre ellas.

Hemos hablado de la soberanía, diciendo de ella que es, por así decir, el corazón del Estado. Ahora bien, para que haya Estado ha de haber también pueblo. Pero el pueblo no es cosa que exista sin más de una vez por todas, sino algo que va haciéndose. Quizá tenga incluso que estar rehaciéndose continuamente. Desde dentro, en virtud de un crecimiento interior, de una interior conjunción de todos sus elementos. También la política es servicio al pueblo. ¿En qué consiste ese servicio?

Por un lado, en conocer al pueblo. Pero conocerle no en los libros ni en un nivel conceptual, sino con la mirada interior. Su esencia tiene que revelársenos; tenemos que sentirla y compenetrarnos con ella. Aquí es donde reside la relevancia política de nuestras excursiones: caminar con los ojos y el corazón bien abiertos. Trabar contacto con el país, con el modo de ser propio de cada región y con lo que la distingue de las demás. Contacto con las plantas, los árboles y los animales. Contacto con personas de distintas procedencias; con las costumbres y tradiciones populares; con los cuentos y las leyendas; con los oficios, con el trabajo manual, con la industria y el comercio; con la lengua. Después hay que conocer ciudades, edificios, puentes, puertas e iglesias; la literatura, las artes plásticas y la música... Lo mismo se puede decir de las vacaciones, y de toda la vida activa... Cabe tratar de conocer todo eso por un prurito culturalista. Pero también para ver al pueblo en la multiplicidad y en la unidad interior de su vida, a fin de que la palabra «pueblo» llegue a ser una realidad fuerte y palpitante.

Después, en defender la singularidad del pueblo y su salud. No dejar que se eche a perder, no dilapidar su fuerza. Desarrollar lo que proviene del pasado. En este terreno hay mucho que hacer, y no, por cierto, con la finalidad de edificar un bonito mundo apartado y que se sustraiga a la áspera realidad. Hemos de estar firmemente situados en el presente, pero con ojos para el pasado y la sensibilidad suficiente para dar continuidad viva a aquellos de sus aspectos que eran buenos (renovación de la vida, formación del pueblo, usos y costumbres). El pueblo se va haciendo cuando sabemos de las imágenes interiores que nos hablan desde el pasado y que en esencia siguen actuando hoy, cuando amamos la esencia del pueblo, confiamos en su fuerza y creamos desde ella.

Hemos dicho que el pueblo ha de hacerse uno en el Estado, tornarse capaz de un conocimiento común, de un querer y un actuar compactos. Pero ese conocimiento no se construye meramente en el codo con codo, sino también de arriba hacia abajo y de abajo hacia arriba: en el cargo público y en el deber, dando órdenes y obedeciéndolas. Gran cosa esta: órdenes y obediencia. ¡Qué raras se han vuelto! Dar órdenes no significa pedir por favor que se haga tal cosa o tal otra, recordar algo o invitar a hacerlo, sino mandar clara y decididamente: ¡haz esto! Con cortesía, desde luego. Cuando la orden procede de una actitud correcta, tomará la mayor parte de las veces la forma del ruego. Pero su esencia es precisamente la de ser una orden. Ahora bien, hemos de estar nosotros mismos en condiciones de darlas. El asunto en cuestión ha de parecernos muy importante. Hemos de identificarnos por completo con él. Pero tampoco eso es enteramente suficiente. En último término, nadie puede dar órdenes en su propio nombre. Quien lo haga, o ya tan solo parezca estar haciéndolo por el tono que emplea, ofenderá a quien las recibe. La orden debe tener su origen en el cargo que se desempeñe, en la misión encomendada. Para ello, quien la imparta ha de estar convencido del Estado. Y la orden debe darse desde una actitud de profundo respeto por la persona libre a quien se dirija. Pues dar órdenes no significa gobernar por derecho propio, tampoco ser más o mejor que el otro, sino solamente tener un cargo y estar debidamente facultado para ejercerlo de cara a personas libres. Y, por otra parte, obedecer no significa hacer un favor, o tratar de ser amable o bondadoso, ni tampoco hacer algo de puro entusiasmo por la causa, sino porque así lo ha mandado quien tenía el cargo correspondiente y estaba autorizado a ejercerlo. En la obediencia reside una sencilla obviedad. No tiene absolutamente nada de especial. Pero no por ello deja de encerrar una peculiar dignidad: es la libre obediencia del ciudadano libre. Tener una actitud política significa poder mandar y obedecer. Pero este ha llegado a ser un raro arte. Y a veces damos con algo sumamente curioso: quien ha recibido un cargo experimenta una cierta alegría maligna en hacer sentir «al pueblo» el poder que ahora posee; un deseo silencioso, y con frecuencia ni siquiera consciente, de torturar, de descargar la propia frustración y el propio mal humor sobre otros; una sensación de que los demás son de algún modo el enemigo. Y en el «pueblo», en quienes no tienen cargos, encontramos asimismo un cierto placer por jugarle una mala pasada al que desempeña una función pública: se alegran cuando queda en ridículo; experimentan un extraño cosquilleo por hacer lo contrario de lo que la ley manda, por sabotearla, podríamos decir. ¿Te das cuenta de qué dos cosas son las que ahí se contraponen? Tiranía y anarquía. Opresión y revolución. Y cada una de ellas llama a la otra. Estado lo hay solo cuando la unidad crece de abajo hacia arriba y de arriba hacia abajo. Mediante órdenes claras, firmes, pero impartidas con respeto; mediante una obediencia prestada como algo obvio, pero con una actitud llena de dignidad. Así se hace Estado capaz de actuar.

Todavía hay otra clase de unidad: la del que dirige con el dirigido. No es verdad que todos los hombres sean iguales. Son distintos por su forma de ser; distintos por el tipo y magnitud de sus talentos. La igualdad no consiste en que todos sean y valgan lo mismo, sino en que cada uno sea él mismo, y en que pueda ocupar el lugar que le corresponde en el todo.

Esta es verdadera democracia. La actitud plebeya afirma que todos son iguales. Los celos pretenden que nadie sea más que nadie y tiran para abajo de quien sobresale. Donde predomina esta forma de ser no surge la acción rica, tensa y sin embargo unitaria del pueblo en el Estado. Tener actitud política significa ver y reconocer las diferencias de talento, permitir que cada individuo llegue a donde le corresponde: las capacidades y talentos mayores a tareas y responsabilidades también mayores, incluso superiores a las de uno mismo. Y, a la inversa, Estado significa que quien así ocupa una posición de preeminencia haga su obra atendiendo al todo, amando lo que hace y en beneficio de todos. Que deje participar a los demás; que les permita entender e intervenir, y mediante toda su actitud les haga notar cómo trabaja él en su beneficio. Así se forja también unidad: la unidad del que dirige con los dirigidos. Del que va abriendo camino con quienes le siguen. Del creador y descubridor con sus colaboradores.

Y aún hay un tercer tipo de unidad que discurre de arriba hacia abajo: la que responde a las diferencias de experiencia y de madurez. El saber, la penetración y el criterio para muchos asuntos no aparecen hasta la correspondiente época de la vida, hasta la vejez. Y la visión de conjunto, la capacidad de juzgar y de prever no afloran hasta que se ha pasado por muchas cosas y se han visto y experimentado muchas otras. Solo quien ha vivido con alma abierta ha superado las pruebas de la vida con corazón valiente y ha atravesado con espíritu de gratitud experiencias y azares de muy variada índole llega a ser un maestro. Y a su vez la unidad entre pueblo y Estado depende de que haya esos maestros y de que se les reconozca como tales, como poseedores de la maestría que dan la madurez, la experiencia y la sabiduría. En todos nosotros hay algo de plebeyo que nos lleva a rebelarnos contra el maestro. Creemos que ya somos mayores de edad y que podemos juzgar sobre la vida sin necesidad de tener experiencia de ella. Si no superamos esa actitud, nos estaremos «echando al monte» en sentido espiritual y haremos política barriobajera, por elegantemente que vayamos vestidos y por cuidada que sea nuestra forma de hablar. Reflexiona sobre todo esto, acerca de qué significa aquí actitud política y dónde residen las raíces que te permitan comenzar a mostrarla ya en tu vida cotidiana.

También hemos hablado de la vida pública y de la palabra. A ese respecto quedaron diversas cosas sin decir: entre ellas, que debemos ser libres del hechizo de lo público, de la embriaguez de la palabra hablada, del vértigo del gesto para la galería, del autodisfrute teatral en la vida pública, del poder del mercado, del nerviosismo de los grandes planes, de la exterioridad del querer aparentar, y de muchas cosas más. Que debemos conservar la clara objetividad, la sobriedad del espíritu y de la reflexión. También esto es actitud política.

Y aun así seguiría quedando mucho por decir. No es un auténtico político quien carezca de sentido histórico... Política significa que un pueblo actúa. Que actúa desde su historia y sobre la historia, que defiende su modo de ser en este mundo. Por ello, la actitud política implica también plantar cara a lo histórico. Plantar cara a la situación en la que nos coloque la historia. También podemos tratar de esquivarla, de refugiarnos en lo escondido, en lo apartado, en lo idílico. Podemos apartar la vista de lo real, de todo su peso, de su dureza y fealdad. Pero la actitud política significa ver todo eso y asumirlo. Asumir las consecuencias de lo que haya sucedido, compartir la responsabilidad de lo que el pueblo haya hecho. Llevar la carga del sufrimiento común y del destino común. Ya notas qué profundas ramificaciones tiene esto. Cómo llega hasta la manera en que se lee el periódico, se mantiene una conversación o se asumen las consecuencias de una palabra o de un acto; cómo influye en la decisión entre ponerse a la cola o pretender que con nosotros se haga una excepción, entre afrontar lo amargo y vergonzoso de un instante o, por el contrario, escurrir el bulto, y en muchas otras decisiones semejantes.

En todo ello se verá si tenemos una actitud política o no. Y de que la hayamos mostrado ahí, o no, dependerá que después esté o falte en el periódico, en las sesiones de la corporación municipal, en las asambleas electorales, en la dirección de los partidos, en el Parlamento, en los organismos públicos, en las negociaciones con otros pueblos.

EPÍLOGO

Muy estimado señor profesor:

Desde que se escribieron las *Cartas sobre la formación de sí mismo* han pasado aproximadamente veinticinco años, ¡y qué años! En este tiempo han cambiado tantas cosas –en las circunstancias exteriores del hombre y también en su alma– que comprendo perfectamente sus reparos en reeditarlas. Y sin embargo estas cartas, me parece, siguen siendo en sus ideas fundamentales igual de válidas y de importantes, y aún más necesarias, que hace veinticinco años. Por eso creo que hago bien en presentarle con una nueva forma y por deseo suyo las *Cartas sobre la formación de sí mismo*. Aquí y allí ha sido necesario retocar u omitir una expresión, una frase, un ejemplo que me parecían estar demasiado atados a su tiempo. Cambiar más cosas, o cambiar cosas decisivas, lo prohibía el agradecimiento y el amor a estas cartas, que ayudaron a muchos jóvenes en aquellos largos y agitados años.

Con pena en el corazón y tras pensarlo mucho he separado también las cartas como un todo de su marco temporal. Creo que su sentido no es –al menos todavía no– dar testimonio del espíritu y de la evolución interior de una generación concreta de la juventud alemana. Por ello ha tenido que quedar fuera sobre todo la carta sobre la comunidad, dado que estaba tan estrechamente vinculada a la bella, pero irrepetible, experiencia del movimiento juvenil que ya posee valor «histórico». Y es que las *Cartas sobre la formación de sí mismo* son más que un mero documento de los años en que fueron escritas. Pueden hablar con voz siempre nueva a los jóvenes y ayudarles a ser y hacerse *personas* y *cristianos*. Esto es importante precisamente hoy, cuando los mejores de entre ellos buscan un nuevo comienzo, el punto de partida para una vida mejor y humana. Quizá sea por ello un signo de nuestro tiempo –y uno de los esperanzadores, que también los hay– que las cartas salgan precisamente ahora de su tierra natal, del círculo que tenía su centro en Quickborn y el castillo de Rothenfels, para dirigirse a todos los que quieran confiarse a su modo de pensar y de vivir. Hablan de los fundamentos de la vida cristiana en el día a día de los jóvenes, y por tanto también de la libertad y de la amplitud, de la fuerza capaz de abarcar hombres y pueblos, que poseen la herencia cristiana y la tarea cristiana. Quizá, si esa herencia se entiende, esa tarea se asume y se experimentan su fuerza y su amplitud, un día se pueda escribir también una nueva carta sobre la comunidad, sobre la comunidad de cristianos jóvenes.

Ingeborg Klimmer

ÍNDICE

Biblioteca Palabra

Libros de pensamiento, profundos pero accesibles,
sobre las principales cuestiones que afectan al hombre y a la sociedad.

1. EL CORAZÓN
   Un análisis de la afectividad humana y divina
   DIETRICH VON HILDEBRAND
   (5ª edición)

2. MI VISIÓN DEL HOMBRE
   Hacia una nueva ética
   KAROL WOJTYLA
   (6ª edición)

3. LAS ETAPAS DE LA VIDA
   Su importancia para la ética y la pedagogía
   ROMANO GUARDINI
   (5ª edición)

4. LA MUJER
   Su papel según la naturaleza y la gracia
   EDITH STEIN
   (4ª edición)

5. ROMANO GUARDINI, MAESTRO DE VIDA
   ALFONSO LÓPEZ QUINTÁS

7. EL HOMBRE Y SU DESTINO
   Ensayos de antropología
   KAROL WOJTYLA
   (4ª edición)

11. HUMANISMO INTEGRAL
    Problemas temporales y espirituales de una nueva cristiandad
    JACQUES MARITAIN
    (2ª edición)

12. EL DON DEL AMOR
    Escritos sobre la familia
    KAROL WOJTYLA
    (4ª edición)

14. EL PERSONALISMO
    Autores y temas de una filosofía nueva
    JUAN MANUEL BURGOS
    (2ª edición)

15. CARTAS SOBRE LA FORMACIÓN DE SÍ MISMO
    ROMANO GUARDINI
    (3ª edición)

16. SENTIDO CRISTIANO DEL HOMBRE
    JEAN MOUROUX

27. LA INTUICIÓN CREADORA EN EL ARTE Y EN LA POESÍA
    JACQUES MARITAIN

29. EDITH STEIN: EN BUSCA DE LA VERDAD
    VIKI RANFF

32. ÉTICA, POLÍTICA Y CRISTIANISMO
    ROBERT SPAEMANN
    Presentación de José María Barrio Maestre
    (2ª edición)

35. AMOR Y RESPONSABILIDAD
    KAROL WOJTYLA
    Introducción de Juan Manuel Burgos

36. PARA COMPRENDER A EDITH STEIN
    Claves biográficas, filosóficas y espirituales
    URBANO FERRER (ed.)

37. RECONSTRUIR LA PERSONA
    Ensayos personalistas
    JUAN MANUEL BURGOS

EDICIONES PALABRA, S. A. - Castellana, 210 - 28046 Madrid
Telfs.: 91 350 77 20 - 91 350 77 39 - Fax: 91 359 02 30
www.edicionespalabra.es - epalsa@edicionespalabra.es